人文武术精品书系

勿使前辈之遗珍失于我手
勿使国术之精神止于我身

刘殿琛

形意拳术抉微

刘殿琛形意拳术抉微

武学名家典籍丛书

刘殿琛·著

王银辉·校注

北京科学技术出版社

刘文华，字殿琛，河北深县（今河北省深州市）人，曾经任教于天津北洋法政学校、京师清华学校（清华大学前身）、天津中华武士会（总教习）、京师尚武学社（总教习）、京师第四中学（今北京四中前身）、山西国民师范学校等。刘殿琛先生的父亲刘奇兰，是形意拳宗师李洛能先生的高足。

刘殿琛的《形意拳术抉微》是我国近代的武术名著之一。该书布局宏大，立论精辟。其上卷总论部分的丹田论、练气说、运动筋肉说、六合论、七疾论、起落钻翻横竖辨等已成为形意拳理论宝库中的经典文献。其下卷分论部分的五行拳、十二形拳、剑法、枪法总结，虽说文字简短，然而直达形意原理的核心，对学习者具有不可忽视的提示和点化作用。

形意拳術抉微

感谢王占伟先生提供收藏版本

出版人语

武术作为中华民族文化的重要载体，集合了传统文化中哲学、天文、地理、兵法、中医、经络、心理等学科精髓，它对人与自然和谐共生关系的独到阐释，它的技击方法和养生理念，在中华浩如烟海的文化典籍中独放异彩。

随着学术界对中华武学的日益重视，北京科学技术出版社应国内外研究者对武学典籍的迫切需求，于 2015 年决策组建了“人文·武术图书事业部”，而该部成立伊始的主要任务之一，就是编纂出版“武学名家典籍”系列丛书。

入选本套丛书的作者，基本界定为民国以降的武术技击家、武术理论家及武术活动家，而之所以会有这个界定，是因为民国时期的武术，在中国武术的发展史上占据着重要的位置。这个时期，中、西文化日渐交流与融合，传统武术从形式到内容，从理论到实践，都发生了巨大的变化，这种变化，深刻干预了近现代中国武术的走向。

这一时期，在各自领域“独成一家”的许多武术人，之所以被称为“名人”，是因为他们的武学思想及实践，对当时及现世武术的影响深远，甚至成为近一百年来武学研究者辨识方向的坐标。

这些人的“名”，名在有武术的真才实学，名在对后世武术传承永不磨灭的贡献。他们的各种武学著作堪称“名著”，是中华传统武学文化极其珍贵的经典史料，具有很高的文物价值、史料价值和学术价值。

目前，“武学名家典籍”丛书，已出版了著名杨式太极拳家杨澄甫先生的《太极拳使用法》《太极拳体用全书》，一代武学大家孙禄堂先生的《形意拳学》《八卦拳学》《太极拳学》《八卦剑学》《拳意述真》，武学教育家陈微明先生的《太极拳术》《太极剑》《太极答问》，形意拳家薛颠先生的《形意拳术讲义（上下编）》《象形拳法真诠》《灵空禅师点穴秘诀》，李存义先生的《岳氏意拳五行精义》《岳氏意拳十二形精义》《三十六剑谱》。刘殿琛是清末民初的形意大家刘奇兰之子，刘奇兰又是形意拳宗师李洛能的高足，故而刘殿琛的形意拳得自家传。同时，刘殿琛还将形意拳带入北洋法政学堂、京师第四中学、清华学校，因此可以说，他又是一位形意拳教育家。本书出版于民国九年（1920 年），布局宏大，立论精辟，是近代武术名著之一，呈现了百年前的河北派形意拳面貌。

这些名著及其作者，在当时那个年代已具有广泛的影响力，而时隔近百年之后，它们对于现阶段的拳学研究依然具有指导作用，依然被武术研究者、爱好者奉为宗师，奉为经典。对其多方位、多层面地系统研究，是我们今天深入认识传统武学价值，更好地继承、发展、弘扬民族文化的一项重要内容。

本丛书由国内外著名专家或原书作者的后人以规范的要求对原文进行点校、注释和导读，梳理过程中尊重大师原作，力求经得起广大读者的推敲和时间的考验，再现经典。

“武学名家典籍”丛书，将是一个展现名家、研究名家的平台，我们希望，随着本丛书第一辑、第二辑、第三辑……的陆续出版，中国近现代武术的整体风貌，会逐渐展现在每一位读者的面前；我们更希望，每一位读者，把您心仪的武术家推荐给我们，把您知道的武学典籍介绍给我们，把您研读诠释这些武术家及其武学典籍的心得体会告诉我们。我们相信，“武学名家典籍”丛书这个平台，在广大武学爱好者、研究者和我们这些出版人的共同努力下，会越办越好。

导读

刘文华，字殿琛，河北深县（今河北省深州市）人，是清末民初的形意拳大家、形意拳教育家，曾经任教于天津北洋法政学校、京师清华学校（今清华大学前身）、天津中华武士会（任总教习）、京师尚武学社（任总教习）、京师第四中学（今北京四中前身）、山西国民师范学校等。刘殿琛先生的父亲刘奇兰，是形意拳宗师李洛能先生的高足。先生的形意拳得自家传，父子两代人都为形意拳的发展和传播做出了巨大贡献。

刘殿琛先生于民国九年（1920年）出版的《形意拳术抉微》一书，是我国近代的武术名著之一。该书布局宏大，立论精辟。其上卷总论部分的丹田论、炼气说、运动筋肉说、六合论、七疾论、起落钻翻横竖辨等已成为形意拳理论宝库中的经典文献。其下卷分论部分的五行拳总结、十二形拳总结、剑法总结、枪法总结，虽说文字简短，却直达形意原理的核心，对学习者具有不可忽视的提示和点化作用。该书对形意拳中的五行拳、十二形拳、进退连环拳，五行剑、十二形剑、进退连环剑，五行枪、十二形枪、进退连环枪进行了完整、准确的讲解，给我们留下了宝贵的文字记录，使我们得以看到一百年前的（河北派）形意拳面貌。那些同名的拳、剑、枪又正好可以互相参证，使我们更进一步地理解前人的创拳思路。其中的十二形剑、十二形枪，如今已少有人练，读者如要照书练习，也定会开练有益。

这次应北京科学技术出版社王跃平编辑之约，对该书进行点校、注释工作，业已完成，兹说明如下：

一、原著没有断句和标点符号，这次对全书所有文字进行了严格、细致的点断，并根据句意、文意及各句、各部分之间的逻辑关系，加上恰当的标点符号；并且进行了更为细致的分段。

二、原著是用文言文写成的，这对于习惯了现代文阅读的读者而言，是一个很大的障碍。书前的四篇序言及上卷总论中的六篇拳论都比较艰深；下卷分论中拳、剑、枪的动作说明虽然较为浅易，但由于作者长期在大、中学校和军队教授（形意）武术，所以形成了语言密度大、节奏快、精干省略的风格。这次对全书难解的字、词、句、篇进行了密度不一的注释，艰深的地方注释密度大一些，相对浅易的地方注释密度小一些。对于四篇序言及总论前言、丹田论、炼气说、运动筋肉说、六合论、七疾论、起落钻翻横竖辨、分论前言等十二篇文章，给出了全部的参考译 文。对于拳、剑、枪的动作说明，在解释时进行了必要的补充以使之连贯。

三、《运动筋肉说》篇，以前由于理解困难，可能被读者忽略了。其实，这是一篇价值极高的论文。在这篇论文中，作者运用肌肉解剖学，对形意拳的间架结构及其形成机制给出了详尽的分析讲解。这在一百年前，是一件非常了不起的创举！我们在敬仰前辈的旧学修养的同时，不禁又为他的科学精神、科学思维而赞叹！这次，校注者对这篇论文进行了严谨的注释，并给出了全篇参考译文，将涉及的肌肉名称全部转换成现在通行的名称，给读者阅读提供了极大的便利，希望读者朋友重视起来，认真读一遍该文。

四、在十二形总结中提出的形意拳“六方用力”理论，也是作者的独到见解，该理论对于我们学习和理解形意拳有重大的指导意义，希读者注意，不要让前辈的珍贵发明湮没在绚烂的文海中。

五、本书中的“躜拳”“躜剑”“躜枪”及“起落躜翻”中的“躜”字，全部直接改为现在通行的“钻”字。“练丹”“练气”径改为“炼丹”“炼气”。有关各处不再说明。

六、下卷图片在文中的指示位置为校注者补录，故以“（按：第 × 图）”样式标出。

以上将刘殿琛先生《形意拳术抉微》一书的标点、校订和注释工作进行了简单的介绍，但愿校注者的努力能为读者朋友扫除阅读和理解的障碍，让大家都能顺畅地享受前人留下的文化遗产，让前人的武学著作更顺利地走进习武者和武学研究者的生活。

限于校注者的水平，特别由于现在形意拳传人的练法已与书中记载多有不同，尤其是十二形剑、十二形枪已少有人练，难以作为参考，因此本书的校注容有不完善之处，希望读者朋友、各位专家不吝赐教，以便改进。

形意拳術抉微

序

技擊之術由來尚矣初民鮮食其時無箭鏃鋒刃之具乃日與鷙禽猛獸相搏擊且獵取之以實口體其必有術焉以致之代遠年湮無可徵考要之奮手足之烈不假五兵有斷然者月令有角力之文春秋時挾輈超乘踰溝懸布抉門諸示武勇於戰陳間者爲左氏傳所侈陳又聞管子之爲教也於子之鄉有拳勇股肱之力筋骨秀出於衆者有則以告則其時重視此術可以概見華陀有五禽之戲達摩有易筋之傳岳忠武教練士卒雜採技擊以張其軍故當時有岳家軍之目至明戚南塘紀效新書始有拳經一篇清之初元黃主一百家始著內家拳法今俱行於世至於戚氏所稱宋太祖之三十二勢溫家之七十二行拳三十六合鎖二十四棄探馬八閃十二番李半天之腿鷹爪王之拏千跌張之跌張伯敬之打又皆往昔專技名家惜書缺有間乃無傳人滋可惜矣今

之論者以少林拳式區而爲五曰龍曰虎曰豹曰鶴曰蛇後人衍之曰獅曰犬曰猴與華陀五禽之戲爲近殆亦異流而同源歟吾友劉子殿琛少壯習形意拳甚有聲名其術得自家傳而遠宗忠武拳式殆即世所稱少林正宗余曩昔長京師第四中學聘請來京授諸生拳術温然有儒者之風余去職且四稔而劉子仍蟬聯教授勿曠勿黜衆口翕然洵所謂藝而進於道矣屬以新編形意拳術抉微一書相示且將付梓堅請爲序余自揣不文又不曾肄習此技辭不獲已因參稽是術之見於記載者拉雜湊砌以塞吾責焉耳矣

中華民國九年十一月　王道元序於温廬

序

嗚呼今之時代一優勝劣敗弱肉强食之世界也立國於大地之上其國民苟無尙武精神不至於危亡者幾希觀夫歐美之注重體育及日本之以武士道爲國魂者其國强有由來也我國武術之精巧久已著名於世惜爲專制政體所抑壓以致未能發達幸民國改建以來國人多欲尙武圖强提倡拳術然我國拳術門類繁雜猶多江湖花拳一流徒重美觀不求實際是亦爲國人應注意者也民國四年予任陸軍訓練總監處騎兵監長時適改定陸軍敎育令乃　於該令中增加拳術一門併請設立武技術敎練所均蒙批准於是遂招集各門拳術家細心考察加意選擇研究多日始得形意拳術一門爲最合軍用蓋該拳爲岳武穆所發明用以敎練軍隊專能以少勝多簡單精巧最切實用且無論老幼皆可學習雖千百人亦能齊一操作而於兵士之

年退伍期間每日學習一次卽可應用若他拳雖各具巧妙之處然非自童年學習操練十數年不爲功用於軍隊則不相宜矣該拳不惟强健筋骨併具有佛道家之禪理上則精神貫頂以養性下則氣達丹田以固命大則可以强國强種小則可以却病延年其利益誠非淺鮮焉今有形意拳術大家劉殿琛先生得家傳之精奧不自秘密著書行世具有普及全國之願心形意拳之精華盡發洩於是書誠爲學者之終南捷徑也劉君曾充武技術教練所教員學員畢業已有數班成績極佳予習斯拳數年亦承劉君之指敎得以略窺門徑頗有進益劉君之熱心教授殊堪令人佩服書成命予爲序予本軍人粗鄙不文焉能爲序僅就予之所知者略舉大概以告國人使國人知所注重可耳尚乞閱者諒焉時在庚申冬月陸軍中將江壽祺謹誌於都門

形意拳術抉微序

形意拳術抉微凡二卷同邑劉殿琛先生所著用以教人練習技擊之書也其技得自家傳而參以近世體操法之方式開來繼往推陳出新詢近今技擊界之泰斗也清宣統三年余任北洋法政學校教職時法校注重體育議添技擊一門以振作精神余薦劉君担任教授全校生徒翕然從之課餘練習未或稍懈吾國拳術之施於學校殆以此爲嚆矢焉國體變更民氣勃騰尚武之風應時而起余與劉君及二三同志首創武士會於津門同時京師有尚武學社之組織京津各校聞風興起爭延教師相與練習拳術之訂爲體育專科至是爲各校所共認近且風行全國而埋沒不彰之神技始得與日本之武士道歐西諸國之新式體操爭相夸耀於宇內矣孔子云雖小道必有可觀者焉方今文明諸國莫不注重體育果人人習此體健力强國民之精神即國家之精神之

所寄雖一技之微未始非强國之基也豈可以小道輕視之哉劉君不欲自秘其術今以所得於先人者著書以問世書旣成囑余爲之序余述劉君十數年來之苦心經營者以示國人至其技術之神妙教法之精詳覽是書者自能領略無待余之揄揚也

中華民國九年十月

深縣張恩綬序於京師之二柳廬

形意拳術抉微序

宋岳武穆王精通鎗法及爲帥時乃脫鎗爲拳用以教將士遂自成一道爲後日形意拳術之始厥後歷金元明三代其技無名迨明清之交蒲東有姬公際可者訪師終南山得武穆拳譜盡擅其技繼傳曹繼武先生先生秋蒲人修其術十二年仕至陝西靖遠總鎮大都督卒成一世之業李政繼之傳戴龍邦龍邦傳其子文英文雄及郭維漢李飛羽飛羽字能然皆爲及門弟子飛羽復傳先父奇蘭公及郭雲深（深縣人）白西圓（饒陽人）李太和（深縣人）車永宏（太谷人）賀運亨（太谷人）李廣亨（榆次人）宋世榮（北京人）張樹德（祁州人）劉曉蘭（高陽人）等綿綿延延形意迄今而大昌始先父寢饋斯道垂四十年所授生徒甚夥燕趙好武之士多歸之余生不才有忝家學惟竊先人之餘緒以自存活清之季年在津任法政學校武術教員民國初復任京師清華學校教員當時津門之武士會京

師之尙武學社皆推余爲總教習卽與同志磋商欲以武術强中國編纂教科書呈部立案頒行全國適値張堅白先生巡按兩粵余應其聘作嶺南之行議遂中輟丙辰返京稍稍得暇乃本聞於先子者一一筆記之擬成數篇并繪其圖以貢於好武術者爲之初步他日進而上之再舉其精深變化者悉箸於編或足以發明　先子之傳以上報我國家惟高明鑒其區區之愚而不責其不文也則幸甚

民國九年十月深縣劉文華自序

形意拳術抉微目錄

形意拳術抉微 目錄

形意拳術抉微上卷

深縣　劉文華著

門人　齊經堂　劉亦琨　校

總論

總論者形意各項技術之總根柢也夫戰爭之道往往以白刃相加隻手抗敵爲最後之勝利則武技一門實行軍之命脈也然武技種類甚多門分派別各是其是要言之大概分內外兩派外派之長不過練習腰腿靈活捉拿拘打封閉閃展騰挪跳躍諸法以遇敵制勝而其弊則在於虛招太多徒炫人耳目不切於實用惟內家拳法純本於先天按陰陽五行六合七疾八要諸法以成其技此則總根柢不能不先爲培植也夫人非氣血不生氣血充足則精神健旺若先天氣虧後天即須補救補之之道要在充其氣養其血但培養氣血必先聚氣於丹田使丹田氣足然後內達於五臟外發於四肢再加以練習之功血脈貫通筋骨堅壯內外如一手脚相合動靜有常進退有法手不虛發發則必

勝心不妄動動則必應正所謂睟然見於面盎於背施於四肢隨意所適得心應手以成百戰百勝之技者也以下將各項總要之事分別言之

第一章　丹田論

丹田者陽元之本氣力之府也欲精技藝必健丹田欲健丹田尤必先練技藝二者固互為因果者也吾道皆知丹田為要矣顧先師有口授而少書傳後之學者究難明其所以然謹將受之吾師與廿年所體驗者略述之所謂欲精技藝必先健丹田者蓋以丹田虧則氣不充氣不充則力不足彼五拳十二形空有架勢以之為顧法則如守者之城池空虛以之為打法則如戰者之兵馬羸弱故必於臨敵挫陣之際常若有一團氣力堅凝於腹臍之間倏然自腰而背而項直貫於頂當時眼作先鋒以觀之心作元帥以謀之攢翻橫豎起落隨時而應用鷂虎猴馬鷹熊變化而咸宜毫忽之間勝負立判此丹田充盈而技藝所以精也何謂欲健丹田必先練技藝釋之如下或曰丹田受之先天人所固有自足於內無待於外但能善自保養足矣何待於練竊謂不然凡人不溺色慾不喪腎精保養有方則元氣自充如是者亦可延年益壽然究不能將丹田

之氣力發之爲絕技也欲發之爲絕技必自練始練之之法一在於聚一在於運聚者即八要中所謂舌頂齒叩穀道提三心並諸法也又必先去其隔膜如心肝脾肺腎之五關層層透過一無阻攔八要中之所謂五行要順也行之既久而後氣始可全會於丹田然聚之而不善運亦未能發爲絕技必將會於丹田之氣力由背骨往上迴住於胸間充於腹盈於臟凝於兩肋冲於腦頂更兼素日所練之身體異常廉幹手足異常活動應敵之來而架勢卽變應架勢之變而氣力隨之卽到倏忽之間千變萬化有非言語所能形容者此所謂善運用也總其所以聚之運之者要在平日之勤練技藝非如求仙者之靜坐練丹也古之精於藝者以一人而敵無數之人其丹田之氣力不知如何充足究其所以然之故無一不自勤習技藝以練丹田始後之學者卽丹田說而善領會之則可與入武道矣

第二章　練氣說

武技一道有形者爲架勢無形者爲氣力架勢者所以運用氣力也無氣力則架勢爲無用故氣力爲架勢之本然欲力之足必先求氣之充故氣又爲力之本予論丹田曰聚曰運前已言及但練氣爲吾道之要訣非前說所能盡用再詳細言之夫演藝者以八要爲先八要者形意拳術之母也內以之練氣外以之演勢無論五拳十二形虛實變化起落攢翻皆不可須臾離之八要者何一內要提二三心要並三三意要連四五行要順五四梢要齊六心要暇七三尖要對八眼要毒也茲分論之如下

內要提者緊撮穀道提其氣使上聚於丹田復使聚於丹田之氣由背骨而直達於腦頂週流往返循環無端卽譜所謂緊撮穀道內中提也

三心要並者頂心往下腳心往上手心往回也三者所以使氣會於一處盖頂心不往下則上之氣不能入於丹田腳心不往上則下之氣不能收於丹田手

心不往回則外之氣不能縮於丹田故必三心一並而氣始可歸於一也
三意要連者心意氣意力意三者連而爲一即所謂內三合也此三者以心爲謀主氣爲元帥力爲將士蓋氣不充則力不足心雖有謀亦無所用故氣意練好而後可以外帥力意內應心意竊謂三意之連亦以氣爲先也
五行要順者外五行爲五拳即劈攔炮攢橫是也內五行爲五臟即心肝脾肺腎是也外五行之五拳變化應用各順其序則周中規折中矩氣力之所到而架勢即隨之架勢之所至而氣力即注之故氣力充則架勢爲有用架勢練而氣力乃愈增至內五行之五臟即譜所云五行本是五道關無人把守自遮攔
余初學技藝時頗學運氣如肩垂項竪齒叩舌頂內提等如法習之數日一作勢漸覺氣可至於心間然即周身倦怠四肢無力强習數日則氣漸覺稍往下行而又有周身倦怠之弊如是者數次而後始能一經作勢氣即直達丹田此即五行爲五關之說非精習前進打破遮攔不能聚氣於丹田運氣於四肢爲

一氣充力足之武術家是五行要順者即所以順氣也

四梢要齊者舌要頂齒要叩手指脚趾要扣毛孔要緊也夫舌頂上齶則津液上注氣血流通兩齒緊叩則氣貫於骨髓手指脚趾內扣則氣注於筋毛孔緊則周身之氣聚而堅齊之云者卽每一作勢時舌之頂齒之叩手脚趾之扣毛孔之緊一齊如法爲之無先後遲速之分蓋以四者有一缺點則氣散而力怠便不足以言技也

心要暇者練時心中不惶不忙之謂也夫惶有恐懼之意忙有急遽之意一恐懼則氣必餒一急遽則氣必亂餒亂之時則手足無所措矣若素日無練習之功則內中虧虛遇事怯縮臨敵未有不恐懼不急遽而心暇逸者故心要暇實與練氣相表裏也

三尖要對者鼻尖手尖脚尖相對也夫手尖不對鼻尖偏於左則右邊顧法空虛偏於右則左邊顧法空虛手與脚脚與鼻不對其弊亦同且三者如甚相偏

斜則周身用力不均必不能團結如一而氣因之散慢頂心雖往下而氣不易下行脚心雖往上而氣不易上收手心雖往回而氣不易內縮此自然之理也故三尖不對實與練氣有大妨礙也

眼要毒夫眼似與練氣無甚關合不知毒有疾敏之意非元氣充盈者不能有此嘗謂吾輩技藝不獨武人宜習卽文人亦宜習之蓋每日練力則可以健身體練氣則可以長精神丹田凝聚五臟舒展此人之精神必靈活腦力必充足耳口鼻等官必能各盡其妙而目尤必神光烱然有芒射人誰謂眼之毒非氣爲之哉

際此弱肉强食之時東西各國皆注重技藝良以射擊之遠近全在器機之良窳而擊之中否則在持器械者之心力手力與眼力故氣力餒者觀測雖準而射擊之時心戰手播卽不能中的是則必賴平日練習之殷勤筋骨强健氣血充足內外如一方可以匡其弊也或曰氣行於內力現於外子言氣何如言力

曰從外人觀之則力易見自我練之則氣易領會且氣力本爲一體氣足則力可知矣或又曰子純言氣力不幾略架勢乎曰練勢必求氣充而練氣尤必先講架勢是氣勢二者互相爲用者也然勢形於外有迹可尋氣運於內深微莫測故學者恒注意架勢而於氣之運行每多忽略吾於架勢之外獨於氣力再三致意者職是故耳

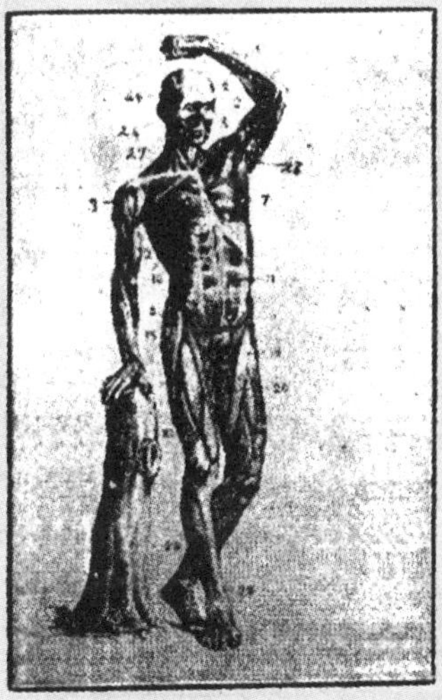

一上肢筋

（1）伸手筋
（2）二頭膊筋
（3）三稜筋
（4）僧帽筋
（5）三頭膊筋

(6)屈手筋
(7)大胸筋
(8)廻前圓筋

二軀幹筋
(9)闊背筋
(10)大鋸筋
(11)直腹筋

三下肢筋
(12)大臀筋
(13)四大頭股筋
(14)二頭股筋
(15)二頭腓腸筋
(16)屈趾筋
(17)亞基里斯氏腱筋

(18)張股鞘筋
(19)縫匠筋
(20)內轉股筋
(21)直股筋
(22)前脛骨筋
(23)伸趾筋

四頭筋
(24)前頭筋
(25)帽狀腱膜筋
(26)眼輪匝筋
(27)口輪匝筋
(28)闊頸筋

第三章　運動筋肉說

形意武術之運動與普通運動不同普通運動之用力只於一平面活動或只運動筋肉之一部故簡單明瞭易於領悟形意武術則不然全身之關節皆沿數運動軸以迴轉而其筋肉之收縮程度不張不弛務使各方面筋肉同時收縮無鬆緩者方爲圓滿作到故進可以攻退可以守無隙可乘無瑕可摘也然全身筋肉甚多非分部言之難期詳盡故逐次分述如左

甲頭部　眼宜由前頭筋之收縮而擴張眼孔然後由眼輪匝筋收縮緊張眼瞼則凝眸諦視絕無顫動之慮口宜由口輪匝筋收縮向內閉鎖口吻牙則緊叩舌用力貼著口蓋微捲向後若此則頰部顏面下腭諸部之皮膚皆緊張矣頸則由闊頸筋之收縮擴張頸部皮面更依項部深處後大小直頭筋之作用及前述口部之協力使頭部挺直帽狀腱膜前後緊張更因兩肩下垂之力延展頸部面積

乙胴部　肩胛宜極力下垂更因前大鋸筋之收縮上掣肋骨以拓張胸廓同時大胸筋僧帽筋前後牽引肩部使固定不移　臀部用力下垂下腹筋肉掣骨盤於前下方大臀筋亦用力收縮成外轉大腿之勢肛門括約筋亦縮小肛門使向內上方腰部宜用方形腰筋及橫隔膜收縮之力反張脊柱下部使上身重點落於骨盤正中線上

丙四肢部　(一)上肢基部宜用力內轉二頭膊筋與三頭膊筋平均收縮俾前後相抵抗肘向體中線扭轉前膊與上膊常成九十至一百七十度之角並因廻前圓筋之收縮使腕部側立手則由深淺屈指筋之收縮依次屈各指俾拇指與食指成半圓形並使拇指基部與小指基部極相接近俾小指亦與他指平均用力

(二)下肢大腿內面之內轉股筋縫匠筋向內牽掣膝關節大中小臀筋亦收縮俾大腿有外轉之勢四頭二頭股筋亦同時收縮俾下腿與大腿成

百五十度之角前後保持平均態度下腿在前者後面之二頭腓腸筋與深層之比目魚筋相伴收縮使腳跟與下腿後面有相接近之勢在後之腿更因二頭股筋用力收縮及屈趾筋之作用使膝關節屈向前內方而兩腳皆宜四面向下用力使體重平均集於兩腳之中心兩腳之方向常成四十五度惟龍形九十度之角後足之內踝與前足之後跟須在一直線內此全身用力之大概情形也然各部筋肉縱橫交互關係複雜紛紜委曲殆有不可以言喻者心悟神會以盡精微則存諸其人矣

運動氣血通貫全身
使筋肉漲露之圖

第四章　六合論

吾嘗言夫丹田矣丹田盈而後藝精更詳夫練气矣練气足而丹田益充此皆得之于內而應之于外者六合與七疾必不可不講矣七疾姑于下論之所謂六合者手與足合肘與膝合肩與胯合是爲外三合心與意合意與气合气與力合是爲內三合內外相關統之曰六合譜云手去脚不去則罔然脚去手不去亦罔然又曰上法須要先上身脚手齊到才爲眞又曰手與脚合多一力又曰脚打踩意莫留情消息全憑後足蹬讀此可見手足相關之意蓋演藝時手一伸肩摧肘肘摧手足一進胯摧膝膝摧足手足也肘膝也肩胯也其各點皆遙遙相對肩肘手在於上胯膝足在於下而人之一身下猶爲上之本譬諸大樹腿其根也故胯一動而肩隨之膝一進而肘隨之足一趨而手隨之於是乎合演藝時身法最貴乎整上下連而爲一無前仰後合先後錯亂之病是爲整苟將整字作到眞有撼山易撼岳家軍難之勢然四肢之動果何所主使乎人

莫不知其爲心心之動是爲意意有去意來意攻意守意之別原之於心動之於意故曰心意須相合否則主宰者不力手足卽不聽指揮而耳目無所施其聰明矣意之所發謂之气气之所使任乎意相關相生故須曰合然當進退騰挪之時固曰以心意主宰之以气行使之然气之表見者力也力借以表見者四肢也吾人忌任气特就行事而言卽吾輩武人猝遇事變亦不可胡亂使气若如去頭蒼蠅瞎懵瞎衝行見其心惶意亂而力無所用手足失其所措敵人乃可乘隙而入必敗無疑也故心與意合意與气合而气與力猶須相合蓋合不合全視气如何也按气有督摧之功力有取捨之能故有气方能有力練武者苟捨其气則無須其力矣吾輩武人培養丹田積精蓄銳一旦有事應敵之來心意一動手足相應肩胯相合肘膝隨之而到而週身之气不運自運不聚自聚內外如一成其六合一團凝气精神飽滿聳然巍然如泰山之不可推移而身法既整而活是則全恃平日練習有素非只就交手而言也

第五章　七疾論

七疾者眼要疾手要疾脚要疾意要疾出勢要疾進退要疾身法要疾也習拳者具此七疾方能完全制勝所謂縱横往來目不及瞬有如生龍活虎令人不可捉摸者惟恃此耳

一眼要疾眼爲心之苗目察敵情達之於心然後能應敵變化取勝成功然交手之時瞬息萬變眼不疾卽不能察其動靜識其變化焉能出奇制勝哉譜云心爲元帥眼爲先鋒蓋言心之變動均恃眼之遲疾然則眼之疾實練藝者之必要也

二手要疾手者人之羽翼也凡捍蔽進攻無不賴之但交手之道全恃遲速遲者負速者勝理之自然故俗云眼明手快有勝無敗譜云手起如箭落如風追風赶月不放鬆亦謂手法敏疾乘其無備而攻之出其不意而取之不怕其身大力猛一動而卽敗也

三脚要疾脚者身體之基也脚立穩則身穩脚前進則身隨之形意拳中渾身力整無一處偏重脚進身進直搶敵人之位則彼自仆譜云手與脚合多一力又云脚打踩意莫容情消息全憑後足蹬脚踏中門搶他位就是神手也難防又曰脚打七分手打三由是觀之脚之疾更當疾於手之疾也

四意要疾意者體之帥也前言眼有監察之精手有撥轉之能脚有行逞之功然其遲速緊慢均惟意之適從所謂立意一疾眼與手脚均得其要領故眼之明察秋毫意使之也手出不空回拳之精意使之也脚之捷亦意使之捷也然則意可不疾乎

五出勢要疾夫存乎內者爲意現乎外者爲勢意既疾矣出勢更不可不疾也事變當前必勢隨意生隨機應變令敵人迅雷不及掩耳張皇失措無對待之策方能制勝若意變甚速而勢疾不足以隨之則應對乖張其敗必矣故意勢相合成功可決意疾勢緩必負無疑習技者可不加之意乎

六進退要疾此節所論乃縱橫往來進退反側之法也當進則進竭其力而直前當退則退領其氣而回轉至進退之宜則須察乎敵人之强弱强則避之宜以智取弱則攻之可以力敵要在速進速退不使敵人得乘其隙所謂高低隨時縱橫因勢者是也

七身法要疾形意武術中凡五行六合七疾八要十二形象等法皆以身法爲本譜云身如弩弓拳如箭又云上法須要先上身手脚齊到方爲眞故身法者形意拳術之本也搖膀活胯週身輾轉側身而進不可前俯後仰左歪右斜進則直出退則直落尤必手與足合肘與膝合肩與胯合(卽外三合)務使其週身團結上下如一雖進退亦不能破散故必作到疾而不散而身法之疾乃見完成不特速勝遲負之空理而已也

第六章　起落攢翻橫竪辨

按五拳十二形之起落攢翻橫竪數字學者最易糢糊即教者亦未易明白指示蓋一手倏忽之間而六字皆備焉譜云起橫不見橫落順不見順又云起無形落無踪言神乎技者之巧妙無踪受之者與觀之者俱不能知其所以然也然使學者於初學時卽不辨其孰爲起落孰爲攢翻孰爲橫竪則用力從何處著手心又從何處領會此等處教人者亟須辨之竊謂手之一動爲起由動而直上出爲攢攢之後腕稍扭爲橫由扭而使手之虎口朝上時爲翻旣至虎口完全朝上則爲竪矣至竪而近於落矣然又未必能遽落也或離敵稍遠再以手前去而逼之此前出之時卽爲順譜中攢翻橫竪起落之外又有落順不見順之順字卽此也及乎學者旣精誠有神乎其神不可捉摸之處惟初學時則不可不逐條分別詳細言之耳如譜云束身而起藏身而落此卽一身之伸縮變化而言也起如風落如箭打倒還嫌慢又卽一身與手足擊人而並言之也

又云不攢不翻一寸爲先盖敵已臨身時機迫促無暇攢翻且不及換步則將何以攻之乎曰在手直出然但手直出周身之力又恐不整故以寸步爲先寸步者卽後足一蹬前足直去驚起四梢如此則渾身抖擻之力全注於不攢不翻之手敵人始能仰臥數武之外以上皆順字之效也

第七章　椿法

目向前視　身斜四十五度　前膊約一百七十度　後膊約百十度　兩腿約一百五十度　前脚直　後脚斜四十五度　前手與心平　後手與臍平　兩肩平

椿法必要

頭頂　項竪　肩垂　抱胯　前膊裹肘　提膝　提肛　手心回縮

形意拳術抉微下卷

分論

總論言其根底分論言其運用如練氣之功不於身手各處發揮之何以見其充盈剛大之妙曰五行拳曰十二形拳由拳而推之劍與槍皆丹田之氣凝聚而運用之者也學者逐式學之實體其六方團聚之功亦庶乎其可以進矣

第一章　拳論

第一節　五行拳論

五行者金木水火土也在五臟為心肝脾肺腎在形意武術則劈擸攢炮橫也五行配五臟五臟配五拳故習五拳即所以養五臟然人以心為主以氣為用以丹田為根本丹田足則腎水足精神旺心氣足則腦力堅神經敏肺臟足氣必充肝臟足力必猛脾臟充盈身體必健故五行拳內養五臟補腦力保丹田外強筋骨捷手足便耳目奧妙無窮裨益匪淺習久自能知之也茲分論之如下

第一圖

第二圖

第三圖

口令副

立正　勢如第一圖　無論何種拳術均以此爲第一步

開勢　勢如第二第三圖　無論何種拳術均以此爲開式

一劈拳

第一圖

第二圖

劈拳屬金取其鋒利之意也其氣發於肺臟筋稍用力則肺臟舒故劈拳可以養肺用功時右手陽拳從前心處攢出上與鼻齊曲至百十度左手從右手上攢出然後放掌落下曲約百七十度與左足齊進右手撤回肋下與臍平但不得過胯後前手與心平左手攢右手亦如之頭向上頂下頦要無形向前用力

兩足抓地兩手如抓物四肢用力平均作四平式手之虎口作半圓形四指稍炸兩手出入自前心處經過蓋取其兩手護心兩肘護肋目向前直視口須微閉舌頂上嗓使元氣不散口不乾齒叩肩垂則氣下行身勢不前俯不後仰不左斜不右歪直出直入手動足隨循環不已此拳剛中有柔柔中有剛功久而後有成非易爲也

二崩拳

第一圖

第二圖

崩拳屬木而金克木故劈拳破崩拳崩拳似箭以其直而速也其氣發於肝臟骨節用力則肝臟舒故崩拳可以養肝練此拳時以劈拳開勢然後兩手齊握右手平直向前打出虎口朝上左足進步與之相顧同時左拳順胯撤回至肋

下手心朝上再使左拳打出右拳順胯撤回兩拳出入均是左足在前如此則肩胯相合無限功用連接不斷前進不息如欲後轉則無論左右拳在前均向右轉作龍形勢蓋因左腿在前左轉不便故也此拳貴直貴速宜猛不宜遲手足如一譜云出洞入洞緊隨身兩手不離身手脚去快似風疾上更加疾打倒還嫌遲所以明其貴直貴速也若其應用之妙則功久者自知之

三攢拳

第一圖

第二圖

攢拳屬水以其有隙必入也其形似閃以其敏速令人捉摸不着也其氣發於腎臟肉稍用力則能補腎練時仍以劈拳開勢然後兩拳齊握肘向裏裹右拳從前心處攢出上與鼻齊其角度與在肋下時同左手放掌向下與臍平至肋下左手攢左足隨之右手攢右足隨之內外相連手足相顧連環不斷此拳本

爲肘打用力尤在肘肘向體中線裹擠週身防護嚴密使敵人無隙可乘譜云先打顧法後打人此之謂也夫力旣注於肘故用之擊敵時敵人如有防禦則我之前手撤回變爲顧法後手卽進而爲打法如此連接不斷可謂顧打兼備矣惟進退之間則在我用之如何耳

四炮拳

第一圖

第二圖

炮拳屬火以其暴發最烈也其氣發於心臟必得用血梢之力然後能養心血練法亦先以劈拳開勢右手向前與左手齊雙手握拳撤回向上之手在臍間向前之手在肋下同時進一疾步立定疾步者前足急進後足緊跟後足踏定

前足提起與脛骨平也然後左手向上攢挑高出眉額上轉作半圓形右手平直打出如攔拳狀左足進步與之相應然後再作寸步雙手撤回右手攢挑左手打出與右足相應如此連接不斷惟此拳當猛烈如燃炮一手攢挑所以護己兼以防敵一手攔出所以乘敵人不備是以有發必中不容稍緩也

第三圖

五橫拳

第一圖

第二圖

橫拳屬土其形似彈彈圓物也圓則上下兼顧故橫拳亦肘打而兼顧法者也其氣發於脾臟故能養脾以劈拳開勢而兩手齊握肘向裏裹右手從左手下斜出左足進步與之相顧左手撤至肋下左手從右手下斜出如右手狀而與

右足相顧右手撤至肋下此拳之妙在拗步斜身以橫破直譜云起橫不見橫方爲善用故武術離却橫卽不能行其要槪可見矣

以上五拳練法各自不同其用亦甚異然至打法顧法則無不兼而有之且無論何拳非僅前後兩手互爲顧互爲打也卽一手之出亦無不兼而有之蓋手之出必具起落攢翻橫竪六法凡起攢橫等字均爲顧法而落翻竪三字則爲打法至前手後手連環打出時凡前手撤回均爲顧法後手繼出均爲打法形意武術中所謂打破而非破打者卽此也

第二節　十二形拳論

天生動物各異其能長於此者短於彼未有能兼全者惟人爲萬物之靈故能採諸物之長以爲己用形意武術所以有十二形之別者即此故也十二形者龍虎猴馬鮀鷄燕鷂蛇鮐鷹熊也分述如左

形意拳術抉微　下卷　第一章　五行拳論

一龍形

第一圖

第二圖

龍之爲物最擅長者在能伸縮自由變化不測諺云龍有搜骨之法吾人欲效其形而制勝非遍身筋骨利便不可故練龍形惟覺身伏時力多在腿而兩膝

最爲吃力起時則多在腰非腰有竪力不能至其伸縮變化則又必用全身之

第三圖

力也劈拳開勢兩手握拳左手收回由前心上攢同時左腿提起渾身一齊收縮下伏身向左右手與左足在前作拗勢左足外橫再將右手上攢渾身展開上縱卽時落下身向右右足與左手在前亦作拗勢右腳外橫如是連接不斷

二虎形

第一圖

第二圖

虎之爲物撲力最强所向無前猛不可當吾人練虎形所以能前撲有力者其要點皆在於臂惟臂將下之力向上一提將後之力向前一送方能將週身之力自背而達於腦由腦而下注於一撲非領會臂力不得練此法也練法以劈

拳開勢右手向前與左手齊兩手握拳卽時撤回肋下疾步前進譜云所謂虎有撲食之勇者是也兩手上攢肩膀下垂迨手與口平前出放掌落下與左足相顧左足寸步兩手撤回肋下右足前進兩手上攢放掌落下與右足相顧如是左右連接不斷

三猴形

猴生長山林攀援跳躍乃其長技故練猴形須跳躍敏捷身法靈便譜云猴有縱山之靈惟既縱之後右手伸則左腿提左手伸則右腿提打時尤非膝力不可練法以劈拳開勢左手上攢左足作外行寸步右足內行進步而左足退右足亦退左右手各隨退步作劈拳勢全身收縮作小勢然後躍跳而前全身展開左腿提起右手前伸與鼻齊左手劈出與左足齊落右手上攢身向後轉練法左右相同此拳練時以項竪齒叩目靈蹿跳敏捷爲要也

第一圖

第二圖

第三圖

第四圖

第五圖

四馬形

第一圖

第二圖

馬形譜云馬有蹟蹄之功蹟蹄者馬走極快之時後蹄能過前蹄數武此其長也練馬形時須後足向後一蹬前足前進後足再極力向前擁進此步名曰疾

步練法以劈拳開勢兩手握拳先進左足右足疾進立定右手攛出左手撤附右手腕上左足提起與右脛骨平再進左足打作順勢攛拳然後右足右手作攢拳勢此後練法左右相同如是連接不斷

五鮀形

第一圖

第二圖

鮀形如守宮當與鱷相近譜云鮀有浮水之精則其爲善浮之魚類可知練鮀形時其打法均用肘故用力於肘最爲重要譜云肘爲一拳者此也練法以劈

拳開勢拇食二指伸開餘皆捲握左手貼身上攢搖膀活跨側身斜步偏左而進左手心向外右足隨之提起與左脛骨平隨即右手貼身上攢右足右進左足隨之提起與右脛骨平身法如一如是左右連接不斷

六鷄形

第一圖

第二圖

譜云鷄有欺鬪之勇夫所謂欺鬪之勇者豎腿伸頸伺隙而進血流被面不稍退却之謂也練法劈拳開勢右手前伸左手撤回肋下左足向前寸步右足疾進立定左足平提同時左手前伸右手撤回左足前進落下右手右足作劈拳

勢打出　左手前伸右手撤回肋下右足寸步左足疾進立定右足平提同時右手前伸左手撤回右足前進落下左手左足作劈拳勢打出如是左右連接不斷

七　燕形

第一圖

第二圖

譜云燕有抄水之精抄水者向水而落沾水而起之謂也練此形者卽取燕之抄水勢故用力多在膊然後側身一斜再注於手練法劈拳開勢左手裹裹右手向左手下攢挑與眉齊兩膊分開伏身而進左手順腿直出如燕之抄水然

右足進步立定左足提起與右脛骨平右手抓襠左手伏腕上左足前進左手作劈拳勢打出右手右足前進再作劈拳勢如是左右連接不斷

八鷂形

第一圖

第二圖

譜云鷂有入林之巧以其展翅側身與別鳥不同也練此形力多在兩膊但燕形之在膊者乃係後膊且將後膊之力側身而送於手此則後膊並不直向前來前膊亦並不直向後去惟身稍取斜勢兩膊一抖展翅側身乃入林之巧也

練法亦劈拳開勢左手裹裹右手由下上攢有似燕形惟左足寸步時左拳隨之攢出非如燕形之順腿進也然後右手右足前進似馬形第一節左足進步打作順勢炮拳右手右足打作攢拳勢如是左右接連不斷

九蛇形

第一圖

第二圖

譜云蛇有撥草之巧取其乘隙前進故此法用力須注於肩所謂肩打者是也
練法劈拳開勢右手向左肩前插去手心向外扭轉左手向右肋下插去手心
亦向外扭轉均作顧法左足寸步右足疾進立定左足提起與右脛骨平左足

前進左手隨之前擺與膝齊右手撤回肋下然後左足寸步與左手相顧左腿前進右手前擺如是左右連接不斷

十鮐形

第一圖

第二圖

鮐爲鷹之一種譜云鮐有竪尾之能又云臀尾爲一拳盖鮐之擊兎時其身向下猛捕兩翅一裹然後再用兩腿一蹬捕者顧而思獲也裹者恐其或逃也蹬者跨打之也故練鮐形者兩手皆落臍間並不遠去此爲顧法至打時翻轉皆

用膀此所謂膀打之也練法劈拳開勢兩手握拳同時上攢與眉齊然後用力分開所謂白鶴展翅者也先進右足左足隨之兩膊向裏裹擠至臍前如是左右連接不斷

十一　鷹形熊形

第一圖

第二圖

譜云鷹有捉拿之精熊有豎項之力盖此二形要點皆在目但鷹下視而頭不低熊上視而頭不仰二者均有絕大項力不過一伸一豎而已至鷹形打法之用力處全在筋梢一如鷹之拿兎時以一爪猛抓以一爪備在胸前也熊之用

力處在膊如熊之抖擻威風時兩膊之搖擺也其打法必以兩手上攢緣不如此與鷹鬬時必不能及也練法劈拳開勢左手撤回肋下右手上攢及鼻左拳從右拳上攢過變作陰掌打出右手放掌撤回肋下右足進步與左手相顧拗步斜身連接不斷第一圖須目神上注身法收束若熊之鬬鷹勢第二圖須目神下注如鷹之戰熊勢

第三節 進退連環拳

劈拳開式

第一式 右手左足前進打出同時左手撤至脇下作捌拳式

第二式 先撤右足落橫左手作捌拳打出同時右手撤回至脇下左足亦撤回至右足後作龍形式

第一圖

第二圖

第三式　右手右足前進打出作右腿揣拳式

第四式　先撤左足兩手上攢兩背分開雙手落臍間同時右足撤至左足前作鮐形式

第三圖

第四圖

第五式 右手向上攢挑高出眉額作半圓形同時左手右足前進打出作炮拳式

第六式 左手撤至臍間不停打出同時右手右足退回作退步劈拳式

第五圖

第六圖

第七式　左手左足同時撤回不停

前進打出作鮀形式

第八式　右手打出左手撤回同時

左足前進一步作橫拳式

第七圖

第八圖

第九式 左手右足前進打出同時右手撤回作龍形式

第九圖

第十式 右手左足前進打出左手撤回作掤拳式

第十圖 如第一圖

十二形練法用法旣如上所述矣至顧法打法則每拳無不俱備如龍形起爲顧法伏爲打法虎形撲爲顧法落爲打法猴形退爲顧法進爲打法馬形前手爲顧法後手爲打法鮀形起爲顧落爲打雞形左手顧右手打燕形展臂伏身爲顧抓備爲打鷂形左顧右打右顧左打蛇形手顧肩打駘形臂顧胯打熊形爲顧法鷹形爲打法雖其練法有定而用法則無定故善用者往往以顧作打或打法甚精卽無須乎顧苟能探其本以求之變化豈有窮哉

十二形行功法及用法之外尙有用力法惟此法非僅十二形有之在五拳尤爲重要盖練形意武術者能否得有功效全在此也其法爲何卽練拳作勢時須將全身之力均注於上下前後內外六方不可偏於一處務使週身之力團聚如球方得穩固不拔顧打兼全玆就一身言之其用力法須頭頂下壓穀道上提兩膀外撐兩腿內夾次就兩膊言之背向前推則手心後縮肘向裏則膀

向外肩向下則腋向上次就一脚言之脚心上提後跟下蹬趾向後踵向前四周向裏其他各處及骨節等凡動作時無不向六方用力者卽在臟腑亦然五臟向外鼓撑而筋骨向內收縮是亦不外六方用力之說也

第二章 劍論

劍法種類略與拳同蓋拳法所能者劍法亦皆能之故劍法亦有五行劍十二形劍之分至其用法則不外十種卽劈砍刺撩剪掛劃裹撥圈是也以下將五行劍十二形劍分別言之

第一圖

第二圖

第三圖

副口令

立正　勢如第一圖　無論何種劍術均以此爲第一步

開勢　如第二第三圖　無論何種劍術均以此爲第二步

第一節　五行劍

一劈劍

第一圖

第二圖

劈劍開勢時右手持劍左手握拳立正兩膊下垂兩手虎口向前劍尖向前要平不可偏斜然後兩手上攢與口平左手在右手下雙手捧劍左足前進兩手同時劈出與左足齊落劍尖上斜與胸平隨卽兩手

上攢右手心向外左手心向裹劍尖向下左裹左足寸步右足前進雙手劈出次又右足寸步劍向右裹左足進步雙手劈出如此左右循環不斷各處用力均與拳同

二 揣劍

第一圖

第二圖

開勢與劈劍同雙手撤回臍間劍尖朝上隨即左足前進右足緊跟兩手持劍向前平刺然後左足再進一步右足隨之劍向下劈如是接連不斷用力處亦與拳同

三攅劍

第一圖

第二圖

劈劍開勢兩手撤至右肋下劍尖下斜右劃左足寸步右足進步左足隨之劍尖上斜右撩次將兩手撤至左脇下劍尖下斜左劃右足寸步左足進步右足亦隨之劍尖上斜左撩如是左右連接不已其用力處亦與拳同

四炮劍

第一圖

第二圖

第三圖

劈劍開勢右足疾步左足提起與右脛骨平同時雙手撤回脇下劍向右撥隨即劍向左撩左足進步右足隨之劍尖要平左手向上作半圓形與頂平然後左足寸步劍向左撥兩手至左脇下左手附右手腕上右足進步左足隨之劍往右撩左手仍附右手腕上用力處亦同炮拳

五 橫劍

第一圖

第二圖

劈劍開勢左足撤至右足前左撥左足前進右足隨之劍向左砍次即左足寸步右撥右足進步劍向右砍但左手須附右手腕上如是者左右連接不斷

第二節　十二形劍

一龍形劍

第一圖

第二圖

劈劍開勢兩手捧劍左圈左足提起雙手刺出左足同時前進橫落身向左斜劍向右圈左足寸步兩手刺出右足前進橫落身向右斜如此左右連接不斷

二虎形劍

第一圖

第二圖

劈劍開勢兩手捧劍向左圈左足寸步右足進一疾步立定左足提起與右脛骨平左足進步雙手刺出然後左足寸步劍向右圈右足前進雙手刺出如是左右連接不斷

三猴形劍

劈劍開勢兩手上攢劍向左裏左足作外行寸步右足內行進步如此轉身後兩手將劍劈出左足同時撤步劍向右裏劈出右足撤步左足寸步右足疾進立定左足提起劍向左撥左足進步同時右剪然後兩手上攢劍向右裏右足外行寸步左足內行進步轉身後兩手將劍劈出右足撤步劍向左裏劈出左足撤步右足寸步左足疾進立定右足提起劍向右撥右足進步同時左剪如此左右連接不斷

第一圖

第二圖

第三圖

第四圖

第五圖

如第三圖

四馬形劍

第一圖

第二圖

劈劍開勢左足寸步兩手捧劍向前刺右足疾進立定兩手撤回左足提起與右脛骨平兩手捧劍刺出左足同時前進然後兩手上攢劍向左裹左足寸步右足前進劈出右足寸步劍向前刺左足疾進立定兩手撤回右足提起與左脛骨平兩手捧劍刺出右足同時前進如此左右連接不斷

五鮀形劍

第一圖

第二圖

劈劍開勢兩手捧劍左足左進右足隨之提起與右脛骨平兩手捧劍左圈與項平然後右足右進左足隨之提起與右脛骨平兩手捧劍右圈如此左右連接不斷

六鷄形劍

第一圖

第二圖

劈劍開勢左足寸步兩手捧劍前刺隨卽撤回右劃劍尖至右足前止右足前進左足提起兩手上撩左足同時前進與劍相顧次又兩手上攢劍向左裹左足寸步右足前進兩手劈出然後右足寸步兩手前刺隨卽撤回左劃劍尖至左足前止左足前進右足提起兩手上撩右足亦同時前進與劍相顧次卽兩手上攢劍向右裹右足寸步左足前進兩手劈出如原狀

七、燕形劍

第一圖

第二圖

劈劍開勢左足提起卽時落下左手裏裹順腿下插右手持劍向右圈撤回右足進一疾步立定左足提起與右脛骨平劍往上撩左手附於右腕上次則左足進步劍向右掛劈出與左足相顧如是連接不斷

八鷂形劍

第一圖

第二圖

劈劍開勢左足寸步劍向前刺右足進一疾步立定左足提起與右脛骨平兩手捧劍左掛垂下左足進步劍向左撩如此循環不已

九蛇形劍

第一圖

第二圖

劈劍開勢兩手捧劍左足寸步右足隨之提起與左脛骨平劍向左劃隨即右足進步劍向右撩然後右足寸步左足隨之提起與右脛骨平劍向右劃隨即左足進步劍向左撩如是左右連接不斷

十齡形劍

第一圖

第二圖

劈劍開勢兩手捧劍左足左進劍向左圈兩手劈出次又右足右進劍向右圈兩手劈出如是左右連接不斷

十一鷹形熊形劍

第一圖

第二圖

劈劍開勢兩手捧劍上攢左足前進劈出次又左足寸步兩手捧劍上攢右足前進劈出如是左右連接不斷

第三節 進退連環劍

劈劍開勢

第一圖

第一勢 左足寸步向前平刺作擱劍勢

第二圖

第二勢 右足退步劍右劃左足亦退劍前刺

第三圖

第三勢左足進步左掛右足進步前劈

第四圖

第四勢左足退步劍左掛右足亦退劍向下劈

第五圖

第五勢　左足進步劍左撥右足進步劍向右撩

第六圖

第六勢　左足進步右足隨之劍左圈左砍

第七圖

第七勢
右足退步
左足隨之
劍右圈右
砍

第八圖

第八勢
左足進步
劍向上撩

第九圖

見第二圖

第九勢　左足寸步右劃右足進步劍向前刺

第十圖

見第一圖

第十勢　左足寸步劍向前刺作攔劍勢

形意武術與別派不同一切器械皆以拳爲母尖者則鎗法作用刃者則劍法作用故以上五行劍十二形劍練法均與拳相同其中有擊法顧法且每一動作時皆互爲擊顧如劈砍刺撩剪爲擊法則掛劃裹撥圈爲顧法故雖曰劈曰砍而動作時均含有其餘九字之性質是擊中有顧顧中有擊也

第三章　鎗論

鎗法之類別亦與拳同有五行鎗十二形鎗之分其用法則可分爲圈拿撐攔掛劈砸搖挑扎等十法不過變換應用各成一勢而已以下將五行鎗十二形鎗逐次述之

第一圖

第二圖

第三圖

副口令

立正 勢如第一圖 無論何種槍術均以此爲第一步

開勢 勢如第二第三圖 無論何種槍術均以此爲第二步

第一節 五行鎗

一劈鎗

第一圖

第二圖

右手持鎗立正開勢半面向右右足撤步如劈拳勢兩手持鎗右攔左足寸步右足前進鎗向前劈右足寸步鎗向左攔左足進步鎗向前劈左右兩足均如劈拳勢進步亦同如是左右連接不斷

二　拙鎗

第一圖

第二圖

見劈鎗第二圖

劈鎗開勢左足進步右足隨之鎗向前扎與肩平鎗向下砸左足進步右足亦隨之如是連接不斷

三攢鎗

第一圖

第二圖

劈鎗開勢鎗向右攔左足寸步右足進步前扎然後鎗向左攔右足寸步左足進步前扎如是連接不斷

四炮鎗

第一圖

第二圖

劈鎗開勢左足寸步右足向左橫步鎗向左攔左足進步正拿劈出左手向上左撥左足寸步右足前進右手向上左手向前鎗向前擂如炮拳狀如是連接不斷

五橫鎗

第一圖

第二圖

劈鎗開勢左足寸步右足向左橫步鎗向左撥左足進步鎗向右橫如是接連不斷後轉時鎗把前撑鎗尖向下劈仍作劈鎗勢

第二節　十二形鎗

一龍形鎗

第一圖

第二圖

第三圖

劈鎗開勢向左圈鎗左足提起
疊手正拿同時左足落下要橫
左足寸步向右圈鎗右足提起
反拿劈出同時右足落下要橫
如是左右連接不斷

二虎形鎗

第一圖

第二圖

劈鎗開勢左足寸步右足疾進立定左足提起同時向左圈鎗左足進步鎗向前扎左足寸步向右圈鎗右足進步鎗向前扎如是左右連接不斷

三猴形鎗

第一圖

第二圖

第三圖

第四圖

第五圖

劈鎗開勢鎗向左撥
左足外行寸步右足
內行進步疊手劈鎗
左足撤步順勢劈鎗
右足撤步左足寸步
右足疾進立定左足
提起兩手撤回抱鎗
左足進步向前平刺
如是連接不斷

四馬形鎗

第一圖

第二圖

劈鎗開勢左足寸步鎗向前扎右足疾進立定左足提起鎗即撤回左足進步挫拿前扎如是連接不斷

五鮀形鎗

第一圖

第二圖

劈鎗開勢左足進步右足隨之向左圈拿右足進步左足隨之向右圈拿如是左右連接不已

六鷄形鎗

第一圖

第二圖

劈鎗開勢左足寸步右足疾進立定左足提起與膝平同時攔鎗左足進步向上擺挑如是連接不已

七燕形鎗

第一圖

第二圖

劈鎗開勢左足寸步鎗把前撑右足疾進立定左足提起與右脛骨平鎗尖前擢左足進步正拿劈出如是連接不斷

八鷂形鎗

第一圖

第二圖

劈鎗開勢左足寸步右足疾進立定左足提起與右脛骨平同時鎗向左撥左足進步鎗向上攉如是連接不斷

九蛇形鎗

第一圖

第二圖

劈鎗開勢左足寸步鎗把左撥鎗尖下劈右足進步鎗把前撐右足寸步鎗尖右攔左足進步鎗尖左擢如是左右連接不斷

十駘形鎗

第一圖

第二圖

劈鎗開勢左足進步向左圈鎗劈出右足進步向右圈鎗劈出如是左右連接不斷

十一鷹形熊形鎗

第一圖

第二圖

劈鎗開勢右足進步兩手上攢鎗向前扎左足進步下劈左足寸步兩手上攢鎗向前扎右足進步下劈如是左右連接不斷向後轉時鎗把前撐鎗尖下劈仍作劈鎗勢

第三節 進退連環槍

劈槍開勢

第一圖

第一勢
左足寸步
作攔鎗勢

第二圖

第二勢
退步翻拿
作龍形勢

第三圖

第三勢
右足寸步
前扎

第四圖

第四勢
疊手下砸

第五圖

第五勢
左足進步
鎗向下劈

第六圖

第六勢
右足進步
鎗向前擢
作炮鎗勢

第七圖

第七勢
鎗向左圈
退步下攔

第八圖

第八勢
左足寸步
向左搓拿

第九圖

見第二式

第九勢　右足進步　翻拿作龍形如第二勢

第十圖

見第一式

第十勢　左足進步　掤搶如第一勢

鎗之用法有特別精奥用長則長用短則短非如別派之悦人耳目者可比其十種用法中圈拿撐攔掛等均爲顧法劈砸擺挑扎等則爲擊法顧擊雖可分立而當動作時則必互相連絡一動俱動擊顧無不兼有之也

形意拳術抉微

深县 刘文华 著
门人 齐经堂
刘亦琨 校

序

技击[1]之术[2]，由来尚[3]矣。初民[4]鲜食[5]，其时无箭镞、锋刃之具[6]，乃[7]日与鸷禽猛兽相搏击，且猎取之以实[8]口体[9]，其必有术焉以致之[10]。代远年湮[11]，无可徵考[12]。要之[13]奋[14]手足之烈[15]，不假[16]五兵[17]，有断然者。

注 释

①技击：战国时齐国步兵的攻守之术。后世称搏击敌人的武艺为技击。

②术：方法。

③尚：久远。

④初民：远古、原始时代的人。

⑤鲜食：缺少食物。鲜，音 xiǎn，少。

⑥锋刃之具：有尖、有刃的武器。

⑦乃：却。

⑧实：填充。

⑨口体：犹“口腹”，口与肚子。

⑩致之：得到它（指猎物）。

⑪代远年湮：年代久远。

⑫无可徵考：没办法查考。徵考，考求徵信。

⑬要之：要而言之，总之。

⑭奋：发扬，发挥。

⑮烈：功业，这里指功能。

⑯假：借，借助于。

⑰五兵：五种兵器：戈、殳、戟、酋矛、夷矛，另一说：矛、戟、钺、楯、弓矢。这里指各种兵器。

《月令》有角力之文[①]。春秋[②]时，挟辀[③]、超乘[④]、踰沟[⑤]、悬布[⑥]、抉门[⑦]，诸示武勇[⑧]于战阵间者，为左氏传[⑨]所侈陈[⑩]。又闻管子[⑪]之为教也，“于子之乡，有拳勇股肱之力，筋骨秀出于众者，有则以告”[⑫]。则其时重视此术[⑬]，可以概见。

注 释

①《月令》有角力之文：《月令》中有关于“角力”的记载。

按：《礼记·月令·孟冬》：“是月也……天子乃命将帅讲武，习射御、角力。”角，音 jué，较量。

②春秋：时代名。因鲁国编年史《春秋》得名。现一般以周平王元年（公元前 770 年）到周敬王四十四年（公元前 470 年）为春秋时代。

③挟辀：用胳膊夹着辀奔跑。辀，古时坐人的马车（这里指战车）居中弯曲的车杠。《左传·隐公十一年》：“郑伯将伐许。五月甲辰，授兵于大宫。公孙阏与颍考叔争车，颍考叔挟辀以走，子都拔戟以逐之。及大逵，弗及，子都怒。”

④超乘：跳跃上车。《左传·僖公三十三年》：“三十三年春，秦师过周北门，左右免胄而下，超乘者三百乘。”杨伯峻注：“超乘者，毕沅《吕氏春秋新校正》云：‘盖既下而即跃以上车，示其有勇。’超，《说文》云：‘跳也。’毕说可信。”

⑤ 踰沟：跨过壕沟。《左传·哀公十一年》："师及齐师战于郊。齐师自稷曲，师不踰沟。樊迟曰：'非不能也，不信子也，请三刻而踰之。'如之，众从之。师入齐军。"

⑥ 悬布：抓着悬挂的布登城。《左传·襄公十年》："主人县（县同'悬'）布，堇父登之，及堞而绝之。队（同'坠'），则又县之。苏而复上者三，主人辞焉，乃退。"

⑦ 抉门：举起城门。《左传·襄公十年》："偪阳人启门，诸侯之士门焉。县门发，郰人纥抉之，以出门者。"

⑧ 武勇：威武勇猛。

⑨ 左氏传：即《春秋左氏传》，也称为《左传》或《左氏春秋》。儒家经典之一，春秋时左丘明所撰，为中国古代史学和文学名著。

⑩ 侈陈：极力铺陈（叙述）。

⑪ 管子：春秋时齐国的国相管仲。曾经辅佐齐桓公成就霸业。

⑫ 于子之乡……有则以告：出自《国语·齐语》。大意为：（桓公又对乡长们说：）"在你的乡里，发现勇敢强健、力气出众的人，就向上报告。（如果有而不告，叫埋没贤能，要判五刑之罪。）"

⑬ 此术：指这种技击之术。

华佗[①]有五禽之戏[②]，达摩[③]有易筋之传[④]。岳忠武[⑤]教练士卒，杂采技击，以张[⑥]其军，故当时有"岳家军"之目[⑦]。至明戚南塘[⑧]《纪效新书》[⑨]，始有《拳经》[⑩]一篇。清之初元，黄主一百家[⑪]，始著《内家拳法》。今俱行于世。至于戚氏所称[⑫]宋太祖之三十二势，温家之七十二行拳，三十六合锁，二十四弃探马，八闪十二番，李半天之腿，鹰爪王之拿，千跌张之跌，张伯敬之打，又皆往昔专技[⑬]名家。惜书缺有间[⑭]，乃[⑮]无传人，滋[⑯]可惜矣！今之论者[⑰]，以少林拳式区[⑱]而为五，曰龙、曰虎、曰豹、曰鹤、曰蛇，后人衍[⑲]之，曰狮、曰犬、曰猴，与华佗五禽之戏为近[20]，殆[21]亦异流而同源欤?

注　释

①华佗：？—208年，东汉末医学家。

②五禽之戏：即五禽戏，中国古代体育锻炼的一种方法，由汉末医学家华佗首创，以模仿虎、鹿、熊、猿、鸟的动作和姿态进行肢体活动，可增强体质，防治疾病。

③达摩：即“菩提达摩”（？—528年或536年），中国佛教禅宗创始人，传为南印度人，曾住嵩山少林寺。

④易筋之传：即《易筋经》，一种传统的强筋壮力的锻炼方法，以某些特定姿势结合调心调息加强人体筋骨和脏腑的功能。传为达摩所传。

⑤岳忠武：即岳飞（1103—1142年），南宋抗金名将，字鹏举，相州汤阴（今属河南）人。宋高宗绍兴十一年腊月二十九日，以“莫须有”的罪名与子岳云及部将张宪同被杀害。孝宗时平反，追谥“武穆”；宁宗时追封“鄂王”，改谥“忠武”。所以后人敬称为“岳武穆（王）”或“岳鄂王”“岳忠武（王）”。

⑥张：使强大。

⑦目：名称。

⑧戚南塘：即戚继光（1528—1587年），明抗倭名将、军事家，字元敬，号南塘，晚号孟诸，山东登州（今蓬莱）人。对练兵、治械、阵图等都有创见，著有《纪效新书》《练兵实纪》《止止堂集》。

⑨《纪效新书》：兵书，明戚继光撰，有两种卷本：十八卷本共十八篇，作于嘉靖三十九年（1560年）前后；十四卷本共十二篇，成书于万历十二年（1584年），是作者对十八卷本的修改，吸收了《练兵实纪》的精华，内容更为精粹，语言通俗，图文并茂，集中体现了作者的建军和作战思想。

⑩《拳经》：指《纪效新书》十八卷本卷十四《拳经捷要篇》。

⑪黄主一百家：即黄百家（1643—1709年），字主一，号不失，又号耒史，别号黄竹农家，浙江余姚人。国子监生，黄宗羲第三子。好拳术，师

事内家拳师王来咸（又名王瑞伯，字征南），承其传，精通内家拳。著《内家拳法》，详细介绍王来咸拳法。

⑫戚氏所称：戚继光所说的。

按：以下记载见于《拳经捷要篇》。

⑬专技：（技击中的）专门技术。

⑭书缺有间：书籍记载的缺失已有多年了。语出《史记·五帝本纪》："太史公曰：……《书》（指《尚书》）缺有间矣，其轶乃时时见于他说。"

⑮乃：而，又。

⑯滋：副词。益，更加。

⑰论者：论武者。

⑱区：区分。

⑲衍：扩充。

⑳近：接近。

㉑殆：大概，恐怕。

吾友刘子殿琛，少壮习形意拳，甚有声名。其术得自家传，而远宗[①]忠武拳式，殆即世所称少林正宗。余曩昔长京师第四中学[②]，聘请来京授诸生拳术，温然有儒者之风。余去职且四稔[③]，而刘子仍蝉联教授，勿旷勿黜[④]，众口翕然[⑤]，洵[⑥]所谓艺而进于道矣！属[⑦]以新编《形意拳术抉微》一书相示，且将付梓[⑧]，坚请为序。余自揣不文[⑨]，又不曾肄习[⑩]此技，辞不获已[⑪]，因[⑫]参稽[⑬]是术[⑭]之见于记载者，拉杂凑砌，以塞吾责焉耳矣。

中华民国九年[⑮]十一月

王道元[⑯]序于沤庐

注 释

①宗：尊崇，宗仰。

②余曩昔长京师第四中学：我以前在京城第四中学当校长。曩昔，往日，从前。京师，指北京。

③四稔：四年。

④勿旷勿黜：既没有耽误过课，也没有被批评过。

⑤众口翕然：大家一致称赞。翕然，一致貌。

⑥洵：确实，诚然。

⑦属：通"嘱"，托付，请托。

⑧付梓：交付出版。

⑨自揣不文：自己衡量文采不够。

⑩肄习：学习，练习。

⑪不获已：不得已。

⑫因：于是。

⑬参稽：参酌稽考。

⑭是术：这种学术（指武术）。是，这。

⑮中华民国九年：即1920年。

⑯王道元：1912至1917年任京师第四中学（今北京四中的前身）校长。字画初，号宾羲，直隶安州人，清季癸卯举人，京师大学堂首届毕业，吏部主事。1912年9月29日，京师顺天中学堂改称京师公立第四中学校，王道元由京师学务局任命，任首任校长。后人尊王道元为四中"奠基人"。

译 文

技击之术，由来很久了。原始时代，人民缺少食物。那时，没有弓箭、刀、矛之类的器具，却要每天与鸷禽猛兽打交道，而且还要猎取它们来填饱自己的肚子，那一定有办法得到它们。由于年代久远，当时使用的方法已经无法查考，但总是发挥手脚的功夫，而不借助于各种兵器，这一点是可以肯定的。在《礼记·月令》中，有关于"角力"训练的记载。春秋时代，挟辀、超乘、踰沟、悬布、抉门等，各种在战阵之中显示武勇的英雄事迹，被《左氏春秋》极力铺陈叙述。还有管子在齐国颁布的政令中，有“于子之乡，有拳勇股肱之力，筋骨秀出于众者，有则以告”这样的文字，那么那个时候国家对这种技击之术的重视，可以想见它的大概情况。东汉末的华佗，创造了五禽戏。南北朝时期的达摩，传下来易筋经。南宋的岳忠武王教练战士，博采各种技击术，来强大他的部队，因此当时有“岳家军”的称号。到了明朝的戚南塘写作《纪效新书》，才有了《拳经捷要篇》。清初，黄主一即黄百家，才著了《内家拳法》。现今这两种书都在世上流行着。至于戚氏在《拳经捷要篇》中所提到的“宋太祖之三十二势，温家之七十二行拳，三十六合锁，二十四弃探马，八闪十二番，李半天之腿，鹰爪王之拿，千跌张之跌，张伯敬之打”，又都是过去的专门技术名家。可惜书籍记载缺失多年，又没有传人，更可惜了！现今谈论武术的人，认为少林拳分为五种，分别叫作龙拳、虎拳、豹拳、鹤拳、蛇拳，后人又加以扩充，称为狮拳、犬拳、猴拳，这与华佗的五禽戏接近，大概也是异流而同源的关系吧？我的友人刘殿琛先生，从少年时就习练形意拳，很有名气。他的拳术得自家传，而又远奉岳忠武为始祖，恐怕就是世人所说的少林正宗吧。本人过去在京城第四中学当校长时，聘请他来北京教授学生拳术。他性格温和有儒者风范。本人离职都快四年了，而刘先生仍然年年蝉联那里的武术教授，既没有耽误过课，也没有过不好的评价，大家一致称赞他的工作，真是所谓精通艺术而且达到得道的水平了！最近他拿来新编的《形意拳术抉微》一书给我看，且说将要交付出版了，坚持请我为这本书作序。我自己衡量文采不够，又没有练习过这种技术，推辞不掉，不得已，于是参酌稽考关于这种技术的记载，拉拉杂杂，写了一大堆，算是用来尽我的责任吧。

序

呜呼，今之时代，一优胜劣败、弱肉强食之世界也！立国于大地之上，其国民苟无尚武精神，不至于危亡者几希。[①]观夫[②]欧美之注重体育，及日本之以武士道为国魂者，其国强有由来[③]也。我国武术之精巧，久已著名于世，惜为专制政体所抑压，以致未能发达。幸民国改建[④]以来，国人多欲尚武图强、提倡拳术。然我国拳术，门类繁杂，犹[⑤]多江湖花拳一流，徒[⑥]重美观，不求实际，是亦为国人应注意者也。

民国四年，予任陆军训练总监处骑兵监长时，适[⑦]改定陆军教育令，乃于[⑧]该令中增加拳术一门，并请设立武技教练所，均蒙批准。于是，遂[⑨]招集各门拳术家，细心考察，加意选择。研究多日，始得[⑩]形意拳术一门为最合军用。盖[⑪]该拳为岳武穆所发明，用以教练军队，专能以少胜多。简单精巧，最切实用。且无论老幼，皆可学习。虽千百人，亦能齐一操作。而于兵士之三年退伍期间，每日学习一次，即可应用。若他拳，虽各具巧妙之处，然非自童年学习，操练十数年不为功，用于军队则不相宜矣。该拳不惟强健筋骨，并具有佛道家之禅理。上[⑫]则精神贯顶以养性[⑬]，下[⑭]则气达丹田以固命[⑮]。大[⑯]则可以强国强种，小[⑰]则可以却病延年，其利益诚非浅鲜[18]焉。

今有形意拳术大家刘殿琛先生，得家传之精奥，不自秘密，著书行世，具有普及全国之愿心[19]，形意拳之精华尽发泄[20]于是书[21]，诚为学者之终南捷径[22]也！刘君曾充[23]武技术教练所教员，学员毕业已有数班，成绩极佳。予习斯拳数年，亦承刘君之指教，得以略窥门径，颇有进益。刘君之热心教授，殊堪令人佩服。书成，命予为序。予本军人，粗鄙不文[24]，焉能为序？仅就予之所知者，略举大概，以告国人，使国人知所注重可耳，尚乞阅者谅焉。

时在庚申[25]冬月

陆军中将江寿祺[26]谨志于都门[27]

注　释

①立国于大地之上……危亡者几希：一个国家建立在大地之上，它的国民要是没有尚武精神，（这样的国家）不走向危亡的很少。苟，如果，假如。尚武，崇尚武功（力）。几希，微少。

②观夫：看那些。夫，代词，那，那些。

③由来：原因。

④改建：创建。

⑤犹：还。

⑥徒：只；但。

⑦适：正；恰好。

⑧乃于：于是在；就在。

⑨遂：就。

⑩始得：才得出。

⑪盖：盖因为。盖，推原之词。

⑫上：往上。

⑬养性：即养神。

⑭下：往下。

⑮固命：即固气。

⑯大：往大的方面说。

⑰小：往小的方面说。

⑱浅鲜：轻微；微薄。

⑲愿心：犹“愿望”。

⑳发泄：泄露。

㉑于是书：在这本书里。

㉒终南捷径：终南，终南山，在陕西省西安市西南。捷径，近便的道路。《新唐书·卢藏用传》里说，卢藏用想做官，就假装为隐士，住在京城附近的终南山里，希望被皇帝征召。后来果然被召去做了官。同时代的司马承祯也曾用同样的方法取得官位。一次，卢藏用指着终南山对司马承祯说：“此中大有嘉（佳）处。”后来就用“终南捷径”比喻谋取官职或求得名利的最方便的门径。现在也比喻达到目的的便捷途径。

㉓充：充任；充当。

㉔予本军人，粗鄙不文：我本来只是一个军人，粗俗鄙陋，没有文采。**按**：这是作序者谦虚的话。

㉕庚申：庚申年，即1920年。

㉖江寿祺：安徽潜山人。民国时陆军中将。保定军校及陆军大学第一期毕业生。陆军大学1914年（第四期）设教育长后，为首任教育长。

㉗都门：京都城门，借指京都，这里指北京。

译文

唉，现今这个时代，真是一个优胜劣败、弱肉强食的世界！一个国家建立在大地之上，它的国民要是没有尚武精神，（这样的国家）不走向危亡的很少。看那些欧美国家对体育的重视，以及日本的以武士道为国魂，人家国家的强大是有原因的。我国武术的精微巧妙，早就在世界上很有名，只可惜受到专制政体的压制，以至于没能发达起来。所幸民国创建以来，国人大多想要尚武图强、提倡拳术。然而我国的拳术，门类繁杂，还有很多属于江湖花拳一流，只注重美观，不追求实际效果，这也是国人应该注意的。民国四年，我担任陆军训练总监处骑兵监长时，正好赶上国家改定陆军教育令，于是在该教育令中增加拳术这一门，并请示设立武技教练所，均得到批准。于是，就召集各门各派的拳术家，细心地考察，加意地进行比较选择。研究了很长时间，才得出形意拳术这一门最适合军用。因为这种拳术是岳武穆发明的，用来教练军队，专门能够以少胜多。其简单精巧，最切合实用，而且不论老幼，都可以学习；即使是上千百人，也能一齐操作；而在兵士的三年当兵期间，每天学习一次就可以应用。像别的拳术，虽然也都有巧妙的地方，然而要不是从童年开始学习，并且坚持练习十来年，就看不到效果，用于军队就不合适了。这种拳术不但能够强健筋骨，而且包含着佛家和道家的禅理。往上则通过精神贯顶来养性，往下则通过气沉丹田来固命。往大的方面说，可以强国强种；往小的方面说，则可以祛病延年，它的好处真是不小的。现在有一位形意拳术大师刘殿琛先生，得到了家传的精奥，不保密，写成书流行于世，希望能够普及于全国，形意拳的精华尽数泄露在这本书里了，实在是求学者的终南捷径！刘先生曾经当过武术教练所的教员，学员毕业的已有好几班，成绩特别好。我学习这种拳术好几年了，也是承蒙刘先生的指教，得以略微看到一点门径，颇有进步和收获。刘先生的热心传授，特别值得我们敬佩。现在书写成了，命我写序。我本来只是一个军人，粗俗鄙陋，没有什么文采，哪能写得了序呢？现仅就我所知道的，略微列举一些大概，以告诉国人，使国人知道重视就可以了，还祈求读者谅解。

《形意拳术抉微》序

《形意拳术抉微》凡[①]二卷，同邑[②]刘殿琛先生所著，用以教人练习技击之书也。其技得自家传，而参以近世体操法之方式，开来继往，推陈出新，询[③]近今技击界之泰斗[④]也。清宣统三年[⑤]，余[⑥]任北洋法政学校[⑦]教职时，法校注重体育，议[⑧]添技击一门，以振作精神。余荐刘君担任教授，全校生徒翕然[⑨]从之。课余练习，未或稍懈[⑩]。吾国拳术之施于学校，殆[⑪]以此为嚆矢[⑫]焉。国体变更，民气勃腾，尚武之风，应时而起。余与刘君及二三同志，首创武士会[⑬]于津门[⑭]。同时，京师有尚武学社[⑮]之组织。京津各校，闻风兴起。争延[⑯]教师，相与练习。拳术之订为体育专科[⑰]，至是[⑱]为各校所共认[⑲]，近且[⑳]风行全国。而埋没不彰之神技，始[㉑]得与日本之武士道、欧西诸国之新式体操争相夸耀于宇内矣！

孔子云：虽小道，必有可观者焉[㉒]。方今文明诸国，莫不注重体育。果人人习此，体健力强，国民之精神，即国家之精神之所寄。虽一技之微，未始非[㉓]强国之基也，岂可以小道轻视之哉？刘君不欲自秘其术，今以所得于先人[㉔]者，著书以问世。书既成，嘱余为之序，余述刘君十数年来之苦心经营者，以示国人。

至其技术之神妙，教法之精详，览是书[25]者，自能领略，无待余之揄扬[26]也。

中华民国九年十月

深县张恩绶[27]序于京师之二柳庐

注 释

①凡：总共。

②同邑：同县。

按：序作者与本书作者都是河北深县（今深州市）人。

③询：应为“洵”。实在（是）；诚然（是）。

④泰斗：泰山北斗的简称，比喻在德行和事业上为众人所敬仰的人。

⑤清宣统三年：1911 年。

⑥余：我。

⑦北洋法政学校：即北洋法政专门学校。1906 年创办，名为北洋法政学堂，位于天津。1912 年更名为北洋法政专门学校，是中国最早的政法学校。

⑧议：议决；议定。

⑨翕然：一致貌。

⑩未或稍懈：从来没有懈怠过一点。

⑪殆：大概；恐怕 。

⑫嚆矢：响箭，因发射时声先于箭而到，故常用来比喻事物的开端，犹言先声。嚆，音 hāo。

⑬武士会：即天津“中华武士会”，1912 年成立。

⑭津门：天津。

⑮尚武学社：即北京“中华尚武学社”，1912 年成立。

⑯争延：争相延聘；争着聘请。

⑰专科：专门课程。

⑱ 至是：到这时。

⑲ 共认：共同认可；公认。

⑳ 且：将。

㉑ 始：才。

㉒ 虽小道，必有可观者焉：即使是小的技艺，也一定有可取之处。

按：这话出自《论语·子张》：“子夏曰：‘虽小道，必有可观者焉。’”

㉓ 未始非：未必不是。

㉔ 先人：指作者的父亲刘奇兰先生。

㉕ 是书：这本书。

㉖ 揄扬：宣扬。

㉗ 张恩绶：1881—？字泽儒，河北深州西街关人，教育家，中华武士会的创立者之一，曾任北洋法政学堂监督。1912 年，北洋法政学堂改名为北洋法政专门学校，改监督为校长，由第七任监督张恩绶担任校长。

译文

《形意拳术抉微》共两卷，为同乡刘殿琛先生所写，是用来教人练习技击的书。他的拳技得自家传，又加进去近代体操法的方式，继往开来，推陈出新，确实是近来技击界的泰斗。清宣统三年，我担任北洋法政学校教职时，法校注重体育，议定添加技击这一门课，用来振作学生的精神。我推荐刘先生担任教授，全校学生一致跟上学习。每天课余练习，从来没有懈怠过一点。我国拳术在学校里传授，大概是以这次为起点。民国创立，国体变更，民气勃腾，尚武的风尚，应时而起。我与刘君及一些同志，在天津首创武士会。同一时期，北京有尚武学社这样的武术组织。京津各校，闻风而起。争着延聘教师，一起练习。把拳术确定为体育里的专门科目，到这时已被各校所公认，近来将要风行全国了，从而使埋没不彰的我国神妙拳技，才得以与日本的武士道、欧西各国的新式体操争相夸耀于世界！孔子说：即使是小的技艺，也一定有可取之处。正当现今各文明国无不注重体育，果能人人练习此种拳技，使得体健力强，则国民的精神，就是国家精神的依托。虽然不过是一种小小的技艺，未必不能成为强国的基础，难道可以因为它是一种小技艺就轻视它吗？刘君不想保密他的技术，现在把他从他父亲那里得来的东西，著书问世。书写成后，嘱托我为它写序，我叙述一下刘君十几年来苦心经营的情况，展示给国人。至于他的技术的神妙、教法的精详，阅览这本书的人，自然能够领略到，不需要我来宣扬。

《形意拳术抉微》序

宋岳武穆王精通枪法，及为帅时，乃脱枪为拳，用以教将士，遂自成一道，为后日形意拳术之始。厥后[①]，历金、元、明三代，其技无名[②]。迨[③]明清之交，蒲东有姬公际可者，访师终南山，得《武穆拳谱》，尽擅其技[④]。继传曹继武先生。先生秋蒲人，修[⑤]其术十二年，仕[⑥]至陕西靖远总镇大都督，卒[⑦]成一世之业。李政继之，传戴龙邦，龙邦传其子文英、文雄及郭维汉、李飞羽。飞羽字能然，皆为及门弟子[⑧]。飞羽复传先父刘奇兰公及郭云深（深县人）、白西园（饶阳人）、李太和（深县人）、车永宏（太谷人）、贺运亨（太谷人）、李广亨（榆次人）、宋世荣（北京人）、张树德（祁州人）、刘晓兰（高阳人）等，绵绵延延，形意迄今而大昌。

始先父寝馈斯道[⑨]垂[⑩]四十年，所授生徒甚夥[⑪]，燕赵好武之士多归之[⑫]。余生不才，有忝家学，惟窃先人之余绪，以自存活。[⑬]清之季年[⑭]，在津任法政学校武术教员。民国初，复任京师清华学校[⑮]教员。当时津门之武士会、京师之尚武学社，皆推余为总教习。即与同志磋商，欲以武术强中国，编纂教科书，呈部[⑯]立案，颁行全国。适值张坚白[⑰]先生巡按两粤，余应其聘作岭南之行，议遂中辍[⑱]。丙辰[⑲]返京，稍稍得暇，乃本闻于先子者，一一笔记之[20]。拟成数篇，并绘其图，以贡于好武术者为之初步。他日进而上之，再举其精深变化者，悉著于编，或足以发明先子之传，以上报我国家。惟高明鉴其区区之愚，而不责其不文也则幸甚。[21]

民国九年十月

深县刘文华自序

注 释

①厥后：其后，从那以后。

②无名：没有影响。

③迨：至。

④尽擅其技：完全掌握了这种拳技。

⑤修：修习。

⑥仕：做官。

⑦卒：终。

⑧及门弟子：经过递帖拜师的正式弟子。

⑨寝馈斯道：寝，睡觉；馈，吃饭。起居饮食都离不开，比喻全身心地投入这项技艺当中。

⑩垂：将近。

⑪夥：音 huǒ，多。

⑫多归之：大多归于他的门下。

⑬余生不才……以自存活：我生而不才，有辱家学，只不过窃得先人的余业，来谋取生计。忝，辱。惟，只是。

按：这是作者自谦的话。

⑭季年：末年。

⑮清华学校：清华大学的前身。

⑯ 呈部：呈送教育部。

⑰ 张坚白：即张鸣岐（1875—1945 年），一作健伯，号韩斋，山东无棣人。1894 年甲午科举人。曾任两广总督。下文“两粤”即指两广：广东、广西。

⑱ 议遂中辍：这个计划于是中断。

⑲ 丙辰：1916 年。

⑳ 乃本闻于先子者，一一笔记之：于是根据从先父那里听来的，一一笔记下来。乃，于是，就。本，根据。先子，先父。

㉑ 惟高明鉴其区区之愚，而不责其不文也则幸甚：希望高明的读者看在我小小的愿望上，而不责怪这本书没有文采。惟，希望。

译 文

南宋的岳武穆王精通枪法，到他成为大师的时候，就将枪法脱变为拳法，用来教练将士，于是自成一体，这就是后来形意拳术的发端。从那以后，经历金、元、明三代，都没听说过这种武技。直到明清交替之际，蒲东有一位姬老先生叫作姬际可，到终南山访师，得到《武穆拳谱》，并完全掌握了这种武技，继而传给了曹继武先生。先生是秋蒲人，修习这种武技十二年，做官至陕西靖远总镇大都督，终于成就了一世之业。李政继承了这门武技，传给戴龙邦；龙邦传给他的儿子文英、文雄以及郭维汉、李飞羽。飞羽字能然，都是经过递帖拜师的及门弟子。飞羽又传给先父刘奇兰公及郭云深（深县人）、白西园（饶阳人）、李太和（深县人）、车永宏（太谷人）、贺运亨（太谷人）、李广亨（榆次人）、宋世荣（北京人）、张树德（祁州人）、刘晓兰（高阳人）等，绵绵延延，到今天大为昌盛。

那时先父全身心地投入这门技艺将近四十年，所传授的学生、徒弟很多，燕赵的好武之士大多拜在他的门下。我生而不才，有辱家学，只不过窃得先人的余业，来谋取生计。清朝末年，我在天津任法政学校的武术教员。民国初年，又担任北京清华学校的教员。当时天津的武士会、北京的尚武学社，都推举我为总教习，于是与同志磋商，想要以武术来使中国强盛，编纂教科书，呈送教育部立案，颁布命令，发行全国。正好赶上张坚白先生担任两广总督，我应他的聘请去岭南，计划就中断了。直到丙辰年返回北京，才稍微得到点空闲，于是根据从先父那里听到的，一一用笔记下来，拟成若干篇，并加上插图，提供给武术爱好者作为初步的学习参考资料。以后进一步，再把其中的精深之处和变化方法，全部写成书，也许足以发扬光大先父的传授，来向上报答我的国家。希望高明的读者看重我小小的愿望，而不责怪这本书没有文采。

《形意拳术抉微》目录

上卷
总论

总论者，形意各项技术之总根柢也。夫战争之道，往往以白刃相加、只手[①]抗敌为最后之胜利，则武技一门实行军之命脉[②]也。然武技种类甚多，门分派别，各是其是[③]。要言之，大概分内、外两派。外派之长，不过练习腰腿灵活、捉拿钩打、封闭闪展、腾挪跳跃诸法，以遇敌制胜。而其弊则在于虚招太多，徒[④]炫人耳目，不切于实用。惟内家拳法，纯本于先天[⑤]，按阴阳、五行、六合、七疾、八要诸法，以成其技，此则[⑥]总根柢，不能不先为培植也。夫人非气血不生，气血充足，则精神健旺。若先天气亏，后天即须补救。补之之道，要在充其气、养其血。但培养气血，必先聚气于丹田，使丹田气足。然后内达于五脏，外发于四肢。再加以练习之功，血脉贯通，筋骨坚壮；内外如一，手脚相合；动静有常，进退有法[⑦]；手不虚发，发则必胜；心不妄动，动则必应。正所谓“睟然见于面，盎于背，施于四肢”[⑧]。随意所适[⑨]，得心应手[⑩]，以成百战百胜之技者也。以下将各项总要之事分别言之。

注 释

①只手：当指徒手。

②命脉：生命、血脉，比喻生死攸关的事物。

③各是其是：各家说自己的对。

④徒：只，仅仅。

⑤纯本于先天：完全从人的先天之气出发。

⑥此则：这是。

⑦动静有常，进退有法：运动和静止符合常规，前进和后退都有法度。

⑧睟然见于面……施于四肢：这话出自《孟子·尽心上》："君子所性，仁义礼智根于心，其生色也睟然，见于面，盎于背，施于四体，四体不言而喻。"意思是说：君子的本性，是仁义礼智已植根于他的心中，而他的容色也很安和润泽，表现在脸面，盈溢于肩背，延伸到手脚四肢，四肢一举一动，不用言语，人们就都明白了。

⑨随意所适：随着意的指向。适，往，去到。

⑩得心应手：得之于心，应之于手。心里摸索到规律，做起来自然顺手，形容技艺纯熟，心一想，手便做到。

译文

总论，是形意各项技术的总根柢。战争的规律，往往是以白刃相加、徒手搏斗决定最后的胜利，这样说来武技这一门确实是军事的命脉。然而武技种类很多，门分派别，各家都说自己的对。总而言之，大概分为内、外两派。外派的长处，不过是练习腰腿灵活、捉拿钩打、封闭闪展、腾挪跳跃各种方法，来遇敌制胜。而它的弊端则在于花招太多，只是炫人耳目，而不切合实用。只有内家拳法，纯粹以人的先天之气为基础，按阴阳、五行、六合、七疾、八要等法则，来构成它的技术体系。这（按：指先天之气）是武术的总根柢，不能不先为培植。人没有气血的滋养则不能生长发育，气血充足，则精神健旺。如果先天之气亏损，后天就需要补救。补救的方法，主要在于补充他的气、蓄养他的血。但培养气血，必须先聚气到丹田，使丹田气足。然后往内达到五脏，往外到达四肢。再加上练习之功，使血脉贯通，筋骨坚壮；内外成为一个整体，手脚互相协调；动静有规律，进退有方法；手不虚发，发则必定取胜；心不妄动，动则正好与对方应合。这正是孟子所说的“容色安和润泽，表现在脸面，盈溢于肩背，延伸到手脚四肢。四肢一举一动，不用说明，人们就都看出来了”。随着意的指向，得于心、应于手，而成为百战百胜的技术。以下将各种最根本事项分别来讲述。

第一章　丹田论

丹田者，阳元之本，气力之府也。[①]欲精技艺，必健丹田；欲健丹田，尤[②]必先练技艺，二者固[③]互为因果者也。吾道[④]皆知丹田为要矣，顾[⑤]先师有口授而少书传，后之学者究难[⑥]明其所以然。谨将受之吾师与廿年所体验者略述之。所谓欲精技艺必先健丹田者，盖以[⑦]丹田亏则气不充，气不充则力不足，彼[⑧]五拳、十二形空有架势。以之为顾法[⑨]，则如守者之城池空虚；以之为打法，则如战者之兵马羸弱。故必于临敌挫阵之际，常若有一团气力坚凝于腹脐之间，倏然[⑩]自腰、而背、而项直贯于顶[⑪]。当时[⑫]眼作先锋以观之，心作元帅以谋之，钻翻横竖起落随时而应用，龙虎猴马鹰熊变化而咸宜[⑬]，毫忽之间[⑭]，胜负立判——此丹田充盈而技艺所以精也。何谓欲健丹田必先练技艺？释之如下：或曰丹田受之先天[⑮]，人所固有，自足于内，无待于外，但能[⑯]善自保养足矣，何待于练？窃谓不然[⑰]。凡人不溺色欲，不丧肾精[⑱]，保养有方，则元气自充，如是者亦可延年益寿，然究[⑲]不能将丹田之气力发之为绝技也。欲发之为绝技，必自练始。练之之法，一在于聚，一在于运。聚者，即八要中所谓舌顶、齿扣、谷道提、三心并诸法也。又必先去其隔膜。如心、肝、脾、肺、肾之五关，层层透过，一无阻拦，八要之中所谓“五行要顺”也。行之既久，而后气始可全会于丹田。然聚之而不善运，亦未能发为绝技。必将会于丹田之气力，由背骨往上回住于胸间，充于腹，盈于脏，凝于两肋，冲于脑顶。更兼[20]素日所练之身体异常廉干[21]，手足异常活动[22]，应敌之来而架势即变，应架势之变而气力随之即到。倏忽之间[23]，千变万化，有非言语所能形容者——此所谓善运用也。总其所以聚之、运之者，要在[24]平日之勤练技艺，非如求仙者之静坐炼丹也。古之精于艺者，以一人而敌无数之人，其丹田之气力不知如何充足！究其所以然之故，无一不自勤习技艺以练丹田始。后之学者即[25]“丹田说”而善领会之，则可与入武道矣。

注释

①丹田者……气力之府也：丹田，是元气与元精的根本，气与力的府库。阳元，当即“元阳”，指元气与元精。《形意拳谱》：“精养灵根气养神，元阳不走得其真；丹田养就长命宝，万两黄金不与人。”

②尤：尤其。

③固：本来。

④吾道：我们这种拳道。

⑤顾：但。

⑥究难：终究难以。

⑦以：因为。

⑧彼：那。

⑨顾法：亦简称为“顾”，在形意拳中指防御。

⑩倏然：形容极快地。

⑪顶：头顶。

⑫当时：就在那时。

⑬咸宜：都合适。

⑭毫忽之间：指极短的时间内。毫、忽，都是小于分、厘的度量单位。

⑮受之先天：受之于先天，从先天而来。

⑯但能：只要能。

⑰窃谓不然：我私下认为不是这样。窃，谦辞，私自，私下。

⑱凡人不溺色欲，不丧肾精：人只要不溺于色欲，不丧失肾精。凡，举凡，但凡。

⑲然究：然而终究。

⑳兼：加。

㉑廉干：干练，精干利索。

㉒活动：活泼，灵活。

㉓倏忽之间：指极短的时间。

㉔要在：主要在于。

㉕即：就，对于。

译文

丹田，是元气和元精的根本，气与力的府库。要想精于技艺，必须先健丹田；要想健丹田，尤其必须先练技艺。二者本来就是互为因果的关系。我们武道中人都知道丹田的重要，但前辈师父们只有口授而缺少书传，使得后来的学习者终究难以明白其中的所以然。现谨将从我师父那里得到的传授与自己二十年来的体验简略地讲述一下。所谓要想精于技艺，必须先健丹田，是因为丹田亏则气不充，气不充则力不足，那些五行拳、十二形拳就会空有架势。用它来作为顾法，就如同防守的一方城池空虚；用它来作为打法，就如同进攻的一方兵马羸弱。所以必须在临敌挫阵之际，老像是有一团气力牢牢地凝结在腹脐之间，能够极快地从腰经过背、经过颈项直达于头顶。同时眼当先锋官来观察对方，心当元帅来谋算对方，钻、翻、横、竖、起、落随着时机来进行，龙、虎、猴、马、鹰、熊各形变化运用恰到好处，在极短的时间内分出胜负——这是因为丹田充盈从而技艺精湛。

那么什么是“要想健丹田，必须先练技艺”呢？解释如下：有人说丹田是从先天而来的，是人本来就有的，本身内部就充足，不需要外部的补充，只要能善自保养就足够了，何必要练？窃以为不是这样。但凡一个人不沉溺于色欲，不丧失肾精，保养有方，则元气自然充足，像这样也可以延年益寿，然而终究不能将丹田中的气力表现为武术上的绝技。想要表现为武术上的绝技，必须从炼气开始。炼气的方法，一种是聚，一种是运。聚，就是“八要”中所说的舌顶、齿叩、谷道提、三心并等法则。又必须先去掉隔膜。如心、肝、脾、肺、肾这五关，一层一层穿过，一点阻拦也没有，这就是“八要”中所说的“五行要顺”。练得久了，而后气才可以全部汇聚到丹田。然而能聚而不善于运，也不能表现为武术上的绝技。必须将汇聚在丹田的气力，由背脊骨往上回住到胸间，充实到腹中，满盈到五脏，凝结在两肋，上冲到脑顶。再加上平日所练下的身体异常干练，手足异常灵活，顺应敌方的进攻而架势就随之变化，根据架势的改变而气力就随之贯注。倏忽之间，拳势千变万化，有的不是言语所能形容的——这就是所说的善于运用气力。总括气力的聚和运的方法，主要在于平日的勤练技艺，而不是像求仙者的静坐炼丹。古时精于武艺的人，能够以一个人对付无数的人，他丹田的气力不知有多么的充足！探究他所以然的缘故，无一不是从勤习技艺来练丹田开始。后来的学习者对于“丹田说”要能善于领会的话，就可以一起进入武道的境界了。

第二章　炼气说

武技一道，有形者为架势，无形者为气力。架势者，所以运用气力也。无气力，则架势为无用。故气力为架势之本。然欲力之足，必先求气之充，故气又为力之本。予论丹田，曰聚、曰运，前已言及。但炼气为吾道之要诀，非前说所能尽，用[①]再详细言之。夫演艺[②]者，以八要为先[③]。八要者，形意拳术之母[④]也。内以之炼气，外以之演势。无论五拳、十二形，虚实变化、起落钻翻，皆不可须臾[⑤]离之。八要者何？一、内要提，二、三心要并，三、三意要连，四、五行要顺，五、四梢要齐，六、心要暇，七、三尖要对，八、眼要毒也。兹分论之如下：

内要提者，紧撮谷道[⑥]，提其气使上聚于丹田。复使聚于丹田之气由背骨而直达于脑顶，周流往返，循环无端。即谱所谓"紧撮谷道内中提"也。

三心要并者，顶心往下、脚心往上、手心往回也。三者所以使气会于一处。盖顶心不往下，则上之气不能入于丹田；脚心不往上，则下之气不能收于丹田；手心不往回，则外之气不能缩于丹田。故必三心一并，而气始[⑦]可归于一也。

三意要连者，心意、气意、力意三者连而为一，即所谓"内三合”也。此三者，以心为谋主，气为元帅，力为将士。盖气不充则力不足，心虽有谋，亦无所用，故气意练好，而后可以外帅力意，内应心意。窃谓[8]三意之连，亦以气为先也。

五行要顺者，外五行为五拳，即劈、崩、炮、钻、横是也；内五行为五脏，即心、肝、脾、肺、肾是也。外五行之五拳，变化应用各顺其序，则周中规、折中矩[9]，气力之所到而架势即随之，架势之所至而气力即注之[10]。故气力充[11]，则架势为有用；架势练[12]，而气力乃[13]愈增。至内五行之五脏，即谱所云[14]“五行本是五道关，无人把守自遮拦”。余初学技艺时，颇学运气。如肩垂、项竖、齿扣、舌顶、内提等，如法[15]习之数日，一作势，渐觉气可至于心间，然即周身倦怠，四肢无力；强习[16]数日，则气渐觉稍往下行，而又有周身倦怠之弊。如是者数次，而后始能一经作势，气即直达丹田，此即五行为五关之说。非精习前进，打破遮拦，不能聚气于丹田，运气于四肢，为一气充力足之武术家。是“五行要顺”者，即所以顺气也[17]。

注 释

①用：因此。

②演艺：演习武艺。

③先：先务，先要注意的事。

④母：犹言根本。

⑤须臾：片刻；一会儿。

⑥紧撮谷道：即提肛，肛门括约肌收缩。

⑦始：才。

⑧窃谓：（我）私下认为。窃，谦辞，私下，私自。

⑨周中规、折中矩：圆形符合圆规，方形符合矩尺。

按：此话出自《礼记·玉藻》：“周还中规，折还中矩。”即中规中矩。

⑩ 注之：灌注它。

⑪ 充：充盈，充足。

⑫ 练：熟练，老练。

⑬ 乃：就。

⑭ 即谱所云：就是拳谱所讲的。

⑮ 如法：按照方法。

⑯ 强习：勉强练习。

⑰ 是“五行要顺”者，即所以顺气也：这样的话，所谓“五行要顺”，就是要通过它来顺气的。

四梢要齐者，舌要顶、齿要扣、手指脚趾要扣、毛孔要紧也。夫舌顶上嗓，则津液上注[①]，气血流通；两齿紧扣，则气贯于骨髓；手指脚趾内扣，则气注于筋；毛孔紧，则周身之气聚而坚。“齐”之云者，即每一作势时，舌之顶、齿之扣、手脚趾之扣、毛孔之紧一齐如法为之，无先后、迟速之分。盖以四者有一缺点[②]，则气散而力怠，便不足以言技也。

心要暇者，练时心中不惶不忙之谓也。夫惶有恐惧之意，忙有急遽之意。一恐惧则气必馁[③]，一急遽则气必乱。馁乱之时，则手足无所措矣！若素日无练习之功，则内中亏虚，遇事怯缩，临敌未有不恐惧、不急遽而心暇逸者。故心要暇，实与炼气相表里也。

三尖要对者，鼻尖、手尖、脚尖相对也。夫手尖不对鼻尖，偏于左，则右边顾法空虚；偏于右，则左边顾法空虚。手与脚、脚与鼻不对，其弊亦同。且三者如甚相偏斜，则周身用力不均，必不能团结如一，而气因之散慢。顶心虽往下，而气不易下行；脚心虽往上，而气不易上收；手心虽往回，而气不易内缩。此自然之理也。故三尖不对，实与炼气有大妨碍也。

眼要毒。夫眼似与炼气无甚关合，不知毒有疾敏之意，非元气充盈者不能有此。尝谓吾辈技艺不独武人宜习，即文人亦宜习之[④]。盖每日练力，则可以健身体；炼气，则可以长精神。丹田凝聚，五脏舒展，此人之精神必灵活，脑力必充足，耳口鼻等官[⑤]必能各尽其妙，而目尤必神光炯然，有芒射人。谁谓眼之毒非气为之哉?

际此[⑥]弱肉强食之时，东西各国皆注重技艺[⑦]。良以[⑧]射击之远近全在器械之良否，而击之中否，则在持械者之心力、手力与眼力。故气力馁者，观测虽准，而射击之时心战手摇[⑨]，即不能中的[⑩]。是[⑪]则必赖平日练习之殷勤，筋骨强健，气血充足，内外如一，方可以匡[⑫]其弊也。或曰：气行于内，力现于外，子[⑬]言气，何如言力?曰：从外人观之则力易见，自我练之则气易领会。且气力本为一体，气足则力可知矣。或又曰：子纯言气力，不几略[⑭]架势乎?曰：练势必求气充，而炼气尤必先讲架势，是气势二者互相为用者也。然势形[⑮]于外，有迹可寻；气运于内，深微莫测。故学者恒[⑯]注意架势，而于气之运行，每多忽略。吾于架势之外，独于气力再三致意[⑰]者，职是故耳[⑱]。

注 释

①上注：灌注到上部。

②盖以四者有一缺点：盖因为四项之中如果缺少一项。以，因为。

③馁：馁弱。

④即文人亦宜习之：即使是文人也应该练习它。

⑤官：器官。

⑥际此：值此。

⑦技艺：这里指武技、武艺。

⑧良以：的确是因为。良，的确。

⑨心战手摇：心恐惧，手颤抖。

⑩中的：击中目标。

⑪是：如此。

⑫匡：匡救。

⑬子：对男性的敬称，犹言“先生”。

⑭几略：几乎忽略。

⑮形：表现。

⑯恒：常。

⑰再三致意：犹言“再三强调”。

⑱职是故耳：就是由于这个缘故。职，由于。是，这个。

译文

武技这一行，有形的是架势，无形的是气力。架势是要运用气力的。没有气力，则架势就没有用。所以气力为架势的根本。然而要想力量足，必须先求气量充，所以气又为力的根本。我论述丹田，讲聚、讲运，前面已经提到。但炼气是我们这一行的要诀，不是前面的论述所能穷尽的，因此再详细讲一讲。演习武艺，以八要为先务。八要，是形意拳术的根本。内部用它来炼气，外部用它来演习架势。无论五行拳、十二形拳，虚实变化、起落钻翻，都不能片刻离开它。八要是什么？一是内要提，二是三心要并，三是三意要连，四是五行要顺，五是四梢要齐，六是心要暇，七是三尖要对，八是眼要毒。现分别论述如下：

内要提，就是紧撮谷道，将气提起来使它往上聚到丹田。再让聚在丹田的气经过背脊骨而直达脑顶，周流往返，循环无端。就是拳谱所说的“紧撮谷道内中提”。

三心要并，就是顶心往下、脚心往上、手心往回。这三条是要使气汇聚在一处。因为顶心不往下，则上面的气不能进入丹田；脚心不往上，则下面的气不能收回丹田；手心不往回，则外面的气不能缩到丹田。所以必须得三心一并，气才能归于一处。

三意要连，就是心意、气意、力意这三种意连成一个整体，也就是所谓的“内三合”。这三点，以心为谋主，气为元帅，力为将士。因为气不充则力不足，心虽有谋算，也没有用，所以气意练好，然后才可以外帅力意，内应心意。窃以为三意相连，也应该以气意为第一。

五行要顺。外五行为五拳，即劈、崩、炮、钻、横；内五行为五脏，即心、肝、脾、肺、肾。外五行的五拳，变化应用各顺其序，则能中规中矩，气力所到之处架势就跟上，架势所到之处气力就贯注过去。因此气力充足，则架势为有用的架势；架势熟练，则气力才能越发增加。至于内五行的五脏，即拳谱所说的“五行本是五道关，无人把守自遮拦”。我初学技艺的时候，颇学过运气的方法。如肩垂、项竖、齿叩、舌顶、内提等等，按照方法练习几天后，一作势，渐渐觉得气可以到达心口处，但是随即浑身倦怠，四肢无力；再勉强练习几天，则气渐渐觉得稍往下走，而随即又有浑身倦怠的感觉。像这样多次，而后才能一经作势，气就直达丹田，这就是五行为五关的说法的意思。非得精习前进，打破遮拦，才能将气聚到丹田，运到四肢，成为一个气充力足的武术家。这样说来，“五行要顺”，就是要通过它来顺气的。

四梢要齐，就是舌要顶，齿要叩，手指脚趾要扣，毛孔要紧。舌顶上嗓，则津液往上注，气血流通；两齿紧叩，则气贯注到骨髓；手指脚趾内扣，则气贯注到筋；毛孔紧，则全身的气聚集而且牢固。说“齐”，即是每一做势时，舌的顶、齿的叩、手指脚趾的扣、毛孔的紧一齐按要求做到，没有先后、快慢之分。因为这四点只要有一点做不到，就会气散而力怠，就谈不上绝技了。

心要暇，就是练习时心中不惶不忙。惶有恐惧的意思，忙有急遽的意思。一恐惧则气必然馁弱，一急遽则气必然散乱。馁弱散乱之时，就会手足无措！如果平时没有练习之功，就会内中亏虚，遇事胆怯退缩，这样临敌没有不恐惧、不急遽而心能暇逸的。故而心要暇，实际上与炼气是表里关系。

三尖要对，是指鼻尖、手尖、脚尖互相对正。手尖不对鼻尖的话，偏于左，则右边的顾法空虚；偏于右，则左边的顾法空虚。手尖与脚尖、脚尖与鼻尖不对正，它的弊病也是同样的。而且这三尖如果互相偏斜过多，则全身用力不均，必然不能团结如一，气也因而散漫。顶心虽往下，而气也不易往下行；脚心虽往上，而气也不易往上收；手心虽往回，而气也不易往内缩。这是很自然的道理。故而三尖不对，实在是于炼气有很大妨碍的。

眼要毒。眼好像与炼气没有什么关系，殊不知“毒”有疾敏的意思，不是元气充盈的人做不到。我曾经说过我们的技艺不仅武人应该练习，即使文人也应该练习它。因为每天练力，就可以健身体；炼气，就可以长精神。丹田凝聚，五脏舒展，这人的精神必定灵活，脑力必定充足，耳、口、鼻等器官必定能各自发挥它的妙用，而眼尤其必定会神光炯炯，有一种光芒射向对方。谁说眼的毒不是气造成的呢？

值此弱肉强食的时代，东西方各国都注重武技，的确是因为射击的远近全在于武器的精良与否，而射击的中与不中，则在于持枪人的心力、手力与眼力。所以气力馁弱的人，观测虽然准确，但是射击的时候心里恐惧，手里颤抖，就不能击中目标。因此，就必须依赖平日的勤奋练习，筋骨强健，气血充足，内外如一，才可以匡救气力馁弱的弊病。有人也许会说：气运行于体内，力表现于体外，先生讲气，哪里比得上讲力呢？我说：从外人的角度观察，则力容易见到，从我自身练来则气容易领会。而且气与力本为一个整体，气量充足则力量的充足可以想见。也许又有人说：先生纯粹讲气力，不是几乎要忽略掉架势吗？我的回答是：练架势必然要求气充足，而要将气炼得充足，尤其必须先讲究架势，这样的话，气与势二者是互相为用的关系。然而架势表现在外面，有迹可循；气运行在体内，深微莫测。因此学习者常常只注意架势，而对于气的运行，每每多有忽略。我之所以在讲解架势之外特别对气力再三强调，就是由于这个缘故。

第三章 运动筋肉①说

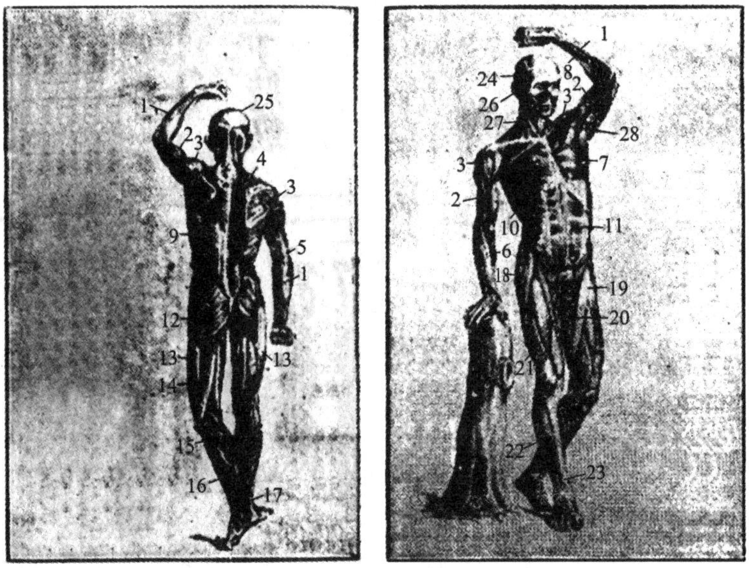

一 上肢筋

（1）伸手筋（伸指肌群）

（2）二头膊筋（肱二头肌）

（3）三棱筋（三角肌）

（4）僧帽筋（斜方肌）

（5）三头膊筋（肱三头肌）

（6）屈手筋（屈指肌群）

（7）大胸筋（胸大肌）

（8）回前圆筋（旋前圆肌）

二 躯干筋

（9）阔背筋（背阔肌）

（10）大锯筋（前锯肌）

（11）直腹筋（腹直肌）

三 下肢筋

（12）大臀筋（臀大肌）

（13）四大头股筋（股四头肌）

（14）二头股筋（股二头肌）

（15）二头腓肠筋（二头腓肠肌）

（16）屈趾筋（屈趾肌群）

（17）亚基里斯氏腱筋（阿基里斯腱）

第一九二页

三 下肢筋
（18）张股鞘筋（阔筋膜张肌）
（19）缝匠筋（缝匠肌）
（20）内转股筋（大腿内收肌群）
（21）直股筋（股直肌）
（22）前胫骨筋（胫骨前肌）
（23）伸趾筋（伸趾肌群）

四 头筋
（24）前头筋（额肌）
（25）帽状腱膜筋（帽状腱膜）
（26）眼轮匝筋（眼轮匝肌）
（27）口轮匝筋（口轮匝肌）
（28）阔颈筋（颈阔肌）

形意武术之运动与普通运动不同。普通运动之用力，只于一平面活动，或只运动筋肉之一部，故简单明了，易于领悟。形意武术则不然，全身之关节，皆沿数运动轴以回转，而其筋肉之收缩程度不张不弛，务使各方面筋肉同时收缩，无松缓者，方为圆满作到。[2]故进可以攻，退可以守，无隙可乘，无瑕可摘[3]也。然全身筋肉甚多，非分部言之，难期[4]详尽，故逐次分述如左。

甲、头部：

眼宜由前头筋[5]之收缩，而扩张眼孔，然后由眼轮匝筋[6]收缩紧张眼睑，凝眸谛视[7]，绝无颤动之虑。口宜由口轮匝筋[8]收缩，向内闭锁口吻，牙则紧叩。舌用力贴着口盖[9]，微卷向后。若此则颊部、颜面、下腭诸部之皮肤皆紧张矣。颈则由阔颈筋[10]之收缩，扩张颈部皮面；更依[11]项部[12]深处后大、小直头筋[13]之作用，及前述口部之协力，使头部挺直、帽状腱膜[14]前后紧张；更因两肩下垂之力，延展颈部面积。

乙、胴部[15]：

肩胛[16]宜极力下垂，更因前大锯筋[17]之收缩上掣肋骨，以拓张胸廓。同时，大胸筋[18]、僧帽筋[19]前后牵引肩部，使固定不移。

臀部用力下垂，下腹筋肉掣[20]骨盘[21]于前下方，大臀筋[22]亦用力收缩，成外转大腿[23]之势。肛门括约筋[24]亦缩小肛门，使向内上方[25]。腰部宜用方形腰筋[26]及横隔膜收缩[27]之力，反张脊柱下部[28]，使上身重点落于骨盘正中线上[29]。

按：为方便理解，在原筋肉名称下补充相对应的现用名，以括号标出。

注 释

①筋肉：肌肉。

②全身之关节……方为圆满作到：全身的关节，都（同时）沿着数个运动轴旋转，而他的各部肌肉的收缩程度都保持不张不驰，务必使各个方面的肌肉同时收缩，没有过于松缓的部分，才算圆满做到。

③无瑕可摘：没有瑕疵可以指摘。

④难期：难以期望。

⑤前头筋：当指额肌。

⑥眼轮匝筋：眼轮匝肌。

⑦凝眸谛视：定睛注视。眸，眸子，眼中瞳仁。谛，仔细。

⑧口轮匝筋：口轮匝肌。

⑨口盖：上腭。

⑩阔颈筋：当指颈阔肌。

⑪依：依靠；依赖。

⑫项部：后颈部。

⑬后大、小直头筋：当指头后大、小直肌。

⑭帽状腱膜：为坚韧的致密腱膜，前连额肌，后连枕肌。

⑮胴部：躯干部。

⑯肩胛：肩胛骨。

⑰前大锯筋：即前锯肌。位于胸廓的外侧皮下，上部被胸大肌和胸小

肌所遮盖，将肩胛骨内侧向前拉的胸部肌肉。

⑱大胸筋：当指胸大肌。

⑲僧帽筋：这里指斜方肌。

⑳掣：牵掣。

㉑骨盘：即骨盆。

㉒大臀筋：即臀大肌。

㉓外转大腿：臀大肌收缩，大腿朝外转。

㉔肛门括约筋：肛门括约肌。

㉕使向内上方：使肛门向内上方收回。

㉖方形腰筋：腰方肌。

㉗横隔膜收缩：即虚胸实腹，气沉丹田。

㉘反张脊柱下部：即塌腰包臀。

㉙使上身重点落于骨盘正中线上：即使上身的重心位于骨盘正中的正上方。

丙、四肢部：

（一）上肢。基部，宜用力内转二头膊筋①，与三头膊筋②平均收缩，俾前后相抵抗③，肘向体中线扭转④，前膊与上膊⑤常成九十至一百七十度之角。并因回前圆筋⑥之收缩，使腕部侧立⑦。手则由深、浅屈指筋⑧之收缩，依次屈各指，俾拇指与食指成半圆形⑨，并使拇指基部与小指基部极相接近⑩，俾小指亦与他指平均用力⑪。

（二）下肢。大腿内面之内转股筋⑫、缝匠筋⑬向内牵掣膝关节。大、中、小诸臀筋⑭亦收缩，俾大腿有外转之势。四头、二头股筋⑮亦同时收缩，俾下腿与大腿成百五十度之角，前后保持平均态度。下腿在前者，后面之二头腓肠筋与深层之比目鱼筋⑯相伴收缩，使脚跟与下腿后面有相接近之势。在后之腿，更因二头股筋用力收缩，及屈趾筋⑰之作用，使膝关节屈向前内方⑱，而两脚皆宜四面向下用力，使体重平均集于两脚之中心。⑲两脚之方向，常成四十五度[20]，惟龙形九十度之角[21]。后足之内踝与前足之后跟，须在一直线内[22]。

此全身用力之大概情形也，然各部筋肉纵横交互，关系复杂，纷纭委曲，殆[23]有不可以言喻者。心悟神会，以尽精微，则存诸其人[24]矣。

运动气血通贯全身
使筋肉涨露之图

注　释

①二头膊筋：肱二头肌。

②三头膊筋：肱三头肌。

③俾前后相抵抗：使前面的肱二头肌与后面的肱三头肌相拮抗。俾，使。

④肘向体中线扭转：即肘移向体中线，垂肘，肘窝朝上。

⑤前膊与上膊：即大小臂。

⑥回前圆筋：即旋前圆肌。

⑦腕部侧立：即手腕斜对着里侧立起来。

⑧深、浅屈指筋：即深、浅屈指肌。

⑨俾拇指与食指成半圆形：即虎口要圆。

⑩使拇指基部与小指基部极相接近：即要使手掌横向扣合。

⑪俾小指亦与他指平均用力：（从而）使小指也和其他四指一样用上力。

⑫内转股筋：当指大腿内收肌群，包括耻骨肌、内收长肌、内收短肌和内收大肌。

⑬缝匠筋：缝匠肌。

⑭大、中、小诸臀筋：即臀大肌、臀中肌、臀小肌。

⑮四头、二头股筋：即股四头肌、股二头肌。

按：股四头肌在大腿前面，股二头肌在大腿后面，它们同时收缩，可形成和维持下文所说的“下腿与大腿成百五十度之角”。

⑯二头腓肠筋与深层之比目鱼筋：即浅层的腓肠肌与深层的比目鱼肌。腓肠肌是小腿二头肌，与比目鱼肌合称为小腿三头肌。

⑰屈趾筋：屈趾肌。

⑱使膝关节屈向前内方：即扣膝。

⑲而两脚皆宜……两脚之中心：即脚趾抓地，脚心要空。

⑳两脚之方向，常成四十五度：即前脚向正前，后脚向侧前45度。

㉑惟龙形九十度之角：只有龙形的龙盘式，两脚成90度的夹角。

㉒一直线内：前后一条直线内。

㉓殆：几乎。

㉔存诸其人：在于练习者自己。

译文

形意武术的运动与普通运动不同。普通运动的用力，只在某一个平面上活动，或者只是运动肌肉的一部分，故而简单明了，容易理解。形意武术就不是这样的，全身的关节，都（同时）沿着数个运动轴转动，而他的各部肌肉的收缩程度都保持不张不弛，务必使各个方面的肌肉同时收缩，没有过于松缓的部分，这才算圆满做到。因此，进可以攻，退可以守，没有空隙可以利用，没有瑕疵可以指摘。然而全身的肌肉很多，非得分部论述，难以详尽地了解，因此按顺序分述如下。

甲、头部

眼部应该由额肌的收缩，来扩张眼孔；然后再由眼轮匝肌的收缩，使眼睑紧张，定睛注视，而不要有一点颤动。口部应该由口轮匝肌的收缩，向内闭住口唇，牙齿要紧紧叩合。舌要用力贴住上腭，微向后卷。这样就使得颊部、颜面、下腭各部的皮肤都绷紧了。颈部则由颈阔肌的收缩，来扩张颈部皮肤的面积；再依赖后颈部深处的头后大、小直肌的作用，以及上述口部的协同力量，使头部挺直、帽状腱膜前后绷紧；再利用两肩下垂的力量，延展颈部的面积。

乙、躯干部

肩胛骨应该极力向下垂，再利用前锯肌的收缩向上提拉肋骨，来扩张胸廓。同时，胸大肌、斜方肌一前一后牵引肩部，使它固定不动。臀部用力下垂，下腹部肌肉将骨盆牵拉向前下方，臀大肌也用力收缩，形成大腿朝外转的形势。肛门括约肌也要收缩来缩小肛门，使肛门向内上方收回。腰部应该用腰方肌及横膈膜的收缩之力，使脊柱下部反向弯曲，使上身的重心落在骨盆的正中线上。

丙、四肢部

（一）上肢。根部（按：指肩部），应该用力向内扭转肱二头肌，使它与肱三头肌平均收缩，让前面的肱二头肌与后面的肱三头肌相拮抗，肘移向体中线并扭转至肘窝朝上，大小臂之间经常保持 90 度至 170 度的夹角。并利用旋前圆肌的收缩，使手腕斜对着里侧立起来。手部则利用深、浅屈指肌的收缩，依次弯曲各指，使拇指与食指构成半圆形，并使拇指根部与小指根部尽量靠近，（从而）使小指也和其他四指一样用上力。

（二）下肢。大腿内侧的内收肌群、缝匠肌向内牵拉膝关节。臀大肌、臀中肌、臀小肌也收缩，使大腿有外转之势。股四头肌、股二头肌也同时收缩，使小腿与大腿形成 150 度的夹角，前后肌肉保持平均用力的态势。前腿的小腿，它后面的浅层的腓肠肌与深层的比目鱼肌协同收缩，使脚后跟与小腿的后面有互相接近的趋势。后面的腿，再利用股二头肌的用力收缩以及屈趾肌的作用，使膝关节向前向内扣合，而两脚都应该四周围向下用力，使体重平均地集中在两脚的中心。两脚的方向，要经常保持在 45 度的夹角，只有龙形的龙盘式，两脚成 90 度的夹角。后脚的内踝骨与前脚的脚后跟，必须在前后一直线内。

以上是全身肌肉用力的大概情形，然而各个部位的肌肉纵横交错，关系复杂，纷乱曲折，几乎要不能用语言讲明白了。心领神会，来穷尽其中的细微之处，就在于练习者自己了。

第四章　六合论

吾尝[1]言夫[2]丹田矣，丹田盈而后艺精；更详夫炼气矣，炼气足而丹田益[3]充。此皆得之于内而应之于外者。“六合”与“七疾”必不可不讲矣，“七疾”姑[4]于下[5]论之。

所谓“六合”者，手与足合，肘与膝合，肩与胯合，是[6]为外三合；心与意合，意与气合，气与力合，是为内三合。内外相关[7]，统之曰六合。

谱云：“手去脚不去则罔然，脚去手不去亦罔然。”又曰：“上法须要先上身，手脚齐到才为真。”又曰：“手与脚合多一力。”又曰：“脚打踩意莫留情，消息全凭后足蹬。”读此，可见手足相关之意。盖[8]演艺[9]时，手一伸，肩摧肘、肘摧手；足一进，胯摧膝，膝摧足。手足也，肘膝也，肩胯也，其各点皆遥遥相对。肩、肘、手在于上，胯、膝、足在于下。而人之一身，下尤为上之本。譬诸大树，腿其根也。故胯一动而肩随之，膝一进而肘随之，足一趋而手随之，于是乎“合”。演艺时，身法最贵乎整。上下连而为一，无前仰后合、先后错乱之病，是为“整”。苟[10]将“整”字作到，真有“撼山易，撼岳家军难”[11]之势。

然[12]四肢之动，果[13]何所主使乎？人莫不知其为心。心之动是为意。意有去意、来意、攻意、守意之别。源之于心，动之于意，故曰心、意须相合。否则，主宰者不力，手足即[14]不听指挥，而耳目无所施其聪明矣。意之所发谓之气，气之所使任乎意，相关相生，故须曰合[15]。然当进退腾挪之时，固曰[16]以心意主宰之，以气行使之，然气之表现者力也[17]，力借以表现者，四肢也。吾人忌任气[18]，特就行事而言。即[19]吾辈武人，猝遇事变，亦不可胡乱使气，若如去头苍蝇，瞎懵瞎冲；行[20]见其心惶意乱，而力无所用，手足失其所措，敌人乃可乘隙而入，必败无疑也。故心与意合，意与气合，而气与力犹[21]须相合。盖合不合，全视气如何也。按[22]气有督摧之功，力有取舍之能，故有气方能有力。练武者苟舍其气，则无须其力矣。

吾辈武人培养丹田，积精蓄锐。一旦有事，应敌之来，心意一动，手足相应，肩胯相合，肘膝随之而到；而周身之气不运自运，不聚自聚。内外如一，成其六合。一团凝气，精神饱满。耸然巍然，如泰山之不可推移。而身法既整而活，是则全恃平日练习有素，非只就交手而言也。

注 释

①尝：曾经。

②言夫：讲；说。夫，语气助词，用于句中，舒缓语气，无义。

③益：更加。

④姑：姑且；暂且。

⑤于下：在下一节。

⑥是：这。

⑦相关：相互关联。

⑧盖：发语词。

⑨演艺：演习武艺。

⑩ 苟：连词。如果，假设。

⑪ 撼山易，撼岳家军难：这是南宋时，金兵中流传的一句叹服岳家军的话，见《宋史·岳飞传》。撼，摇动。

⑫ 然：然而。

⑬ 果：副词。究竟。

⑭ 即：就。

⑮ 曰合：讲究合。

⑯ 固曰：固然说。

⑰ 然气之表现者力也：然而气的表现者是力。

⑱ 任气：意气用事。

⑲ 即：即使；就算。

⑳ 行：副词。正。

㉑ 犹：当为“尤”，尤其。

㉒ 按：按语。

译文

我前面讲解了丹田，丹田充盈而后武艺精湛；又详细论述了炼气，将气练足而后丹田更加充盈。这都是体内得到而反应在体外的东西。（除了这两点以外）“六合”与“七疾”一定不可以不讲，“七疾”姑且放在下一节论述。

所谓“六合”，就是手与足合，肘与膝合，肩与胯合，这是外三合；心与意合，意与气合，气与力合，这是内三合。内外相互关联，统称为“六合”。

拳谱上说：“手去脚不去则罔然，脚去手不去亦罔然。”又说：“上法须要先上身，手脚齐到才为真。”又说：“手与脚合多一力。”又说：“脚打踩意莫留情，消息全凭后足蹬。”读到这些，足可看出手足相关的意思。演习武艺时，手一伸，则肩摧肘、肘摧手；足一进，则胯摧膝，膝摧足。手与足，肘与膝，肩与胯，它们各点之间都是遥遥相对。肩、肘、手在上面，胯、膝、足在下面。而人的一身，下部尤其是上部的根本。人身就像一棵大树，腿就是树的根。所以胯一动而肩随之而动，膝一进而肘随之而进，足一趋而手随之而趋，于是就“合”了。演习武艺时，身法最贵“整”。上、中、下连成一个整体，没有前仰后合、先后错乱的毛病，这就是“整”。假如将“整”字做到了，真有“撼山易，撼岳家军难”的势头。

然而四肢的运动，究竟是由谁主使的？凡人无不知道它就是心。心念一动就是意。意有去意、来意、攻意、守意的分别。（四肢的运动）根源于心，发动于意，所以说心、意要相合。否则，作为主宰者的心、意发挥不好作用，手足就不听指挥，而耳目也就没办法发挥它们的聪与明的功能了。由意发出来的叫作气，气由意来指挥，意与气相关相生，所以要讲究合。然而当进退腾挪之时，固然要以心意来主宰它，以气来督促它，但是气的表现者是力，力借以表现的，是四肢。我们忌意气用事，只是就做事来说的。就算我们习武之人，突然遇到紧急情况，也不可以胡乱使气，就像去头苍蝇，瞎懵瞎冲；正表现出他的心惶意乱，而不能正确地用力，手足失措，敌人却可以乘隙而入，这是必败无疑的。所以心与意合，意与气合，而气与力尤其要相合。盖因为六合能不能做到，全看气的作用发挥得如何。按气有督摧的功能，力有取舍的功能，故有气才能有力。练武者要是丢弃了气，那就没必要讲力了。

我们武人培养丹田，积精蓄锐。一旦有事，敌人一打来，我的心意一动，则手足相应，肩胯相合，肘膝随之而到；而且周身的气不运自运，不聚自聚。内外如一，成为六合。周身的气凝聚一团，精神饱满。巍然耸立，就像泰山推不动、搬不动。而身法的既整又灵活，这则是全凭平时练习有素，不仅仅是就交手来说的。

第五章　七疾[1]论

七疾者，眼要疾、手要疾、脚要疾、意要疾、出势要疾、进退要疾、身法要疾也。习拳者具[2]此七疾，方能[3]完全制胜。所谓纵横往来，目不及瞬[4]，有如生龙活虎，令人不可捉摸者，惟此耳[5]。

一、眼要疾。眼为心之苗，目察敌情，达之于心[6]，然后能应敌变化，取胜成功。然[7]交手之时，瞬息万变[8]，眼不疾，即[9]不能察其动静，识其变化，焉能[10]出奇制胜哉？谱云：“心为元帅，眼为先锋。”盖言心之变动，均恃眼之迟疾。[11]然眼之疾，实练艺者之必要也。[12]

二、手要疾。手者，人之羽翼也[13]。凡捍蔽、进攻，无不赖之。但交手之道，全恃迟速。迟者负，速者胜，理之自然。故俗云：眼明手快，有胜无败。谱云：手起如箭、落如风，追风赶月不放松，亦谓[14]手法敏疾。乘其无备而攻之，出其不意而取之[15]，不怕其身大力猛，一动而即败也。

三、脚要疾。脚者，身体之基也。脚立稳则身稳，脚前进则身随之。形意拳中浑身力整，无一处偏重，脚进、身进，直抢敌人之位，则彼自仆[16]。谱云：“手与脚合多一力。”又云：“脚打踩意莫容情，消息全凭后足蹬；脚踏中门抢他位，就是神手也难防。”又曰：“脚打七分手打三。”由是观之[17]，脚之疾更当疾于手之疾也。

注 释

①疾：快；迅速。

②具：具备。

③方能：才能。

④目不及瞬：来不及眨眼。

⑤惟此耳：就是凭这（七疾）。

⑥达之于心：传达到心。

⑦然：然而。

⑧瞬息万变：（双方的形势）瞬息万变。

⑨即：就。

⑩焉能：哪能。

⑪盖言心之变动，均恃眼之迟疾：这是说心意的变动快慢，全看眼观察的快慢。恃，依赖，仗着。

⑫然眼之疾，实练艺者之必要也：这样说来，眼的疾快，实在是练习武艺的人必须具备的。然，然则，如此，那么。

⑬手者，人之羽翼也：手是人的翅膀。

⑭亦谓：也是说。

⑮乘其无备而攻之，出其不意而取之：在对方没有防备和意想不到的时间、方位攻取对方。

⑯则彼自仆：那么对方自然会倒地。彼，他，对方。仆，跌倒。

⑰由是观之：根据这些话来看。是，这，这些。

四、意要疾。意者，体之帅也[1]。前言眼有监察之精，手有拨转之能，脚有行程之功。[2]然其迟速紧慢，均惟意之适从。[3]所谓立意一疾，眼与手、脚均得其要领。故眼之明察秋毫，意使之也；手出不空回，拳之精意使之也；脚之捷，亦[4]意使之捷也。然则意可不疾乎[5]？

五、出势要疾。夫存乎内者为意，现乎外者为势。意既疾矣，出势更不可不疾也。事变当前，必势随意生，随机应变，令敌人迅雷不及掩耳，张惶失措，无对待之策，方能制胜。若意变甚速，而势疾不足以随之，则应对乖张，其败必矣。[6]故意势相合，成功可决[7]；意疾势缓，必负无疑。习技者可不加之意乎?

六、进退要疾。此节所论，乃纵横往来、进退反侧之法也。当进则进，竭其力而直前[8]；当退则退，领其气而回转[9]。至进退之宜，则须察乎敌人之强弱[10]。强则避之，宜以智取；弱则攻之，可以力敌。要在速进速退[11]，不使敌人得乘其隙。所谓“高低随时，纵横因势”者是也[12]。

七、身法要疾。形意武术中，凡五行、六合、七疾、八要、十二形象等法，皆以身法为本。谱云：“身如弩弓拳如箭。”又云：“上法须要先上身，手脚齐到方为真。”故身法者，形意拳术之本也。摇膀活胯，周身辗转，侧身而进。不可前俯后仰，左歪右斜。进则直出，退则直落。尤必[13]手与足合、肘与膝合、肩与胯合（即外三合），务使其周身团结，上下如一，虽进退亦不能破散。故必作到疾而不散，而身法之疾乃[14]见完成，不特速胜迟负之空理而已也[15]。

注 释

①意者，体之帅也：意是身体动作的统帅。

②前言眼有……脚有行程之功：前面讲眼有监视、观察的功能，手有拨转的功能，脚有行走的功能。

③ 然其迟速紧慢，均惟意之适从：然而它们的迟速快慢，都要听从意的指使。适从，应为“是从”。

④ 亦：也是。

⑤ 然则意可不疾乎：那么意可以不快吗?

⑥ 若意变甚速……其败必矣：假如意的变动很快，但是出势的速度跟不上，就会应对失常，那么失败也就是必然的了。乖张，不正常。

⑦ 可决：可以断定。

⑧ 直前：径直向前。

⑨ 领其气而回转：收住自己的攻势往后退。

⑩ 至进退之宜，则须察乎敌人之强弱：至于进退的时机，则要看敌人的强弱。

⑪ 要在速进速退：总之，（出势疾快的）关键在于速进速退。

⑫ 所谓“高低随时，纵横因势”者是也：（这就是）所说的“高势与低势要随着时机来变化，纵势与横势要根据形势来决定。”

按：这就是说，出势与变势都要快。

⑬ 尤必：尤其必须。

⑭ 乃：才。

⑮ 不特速胜迟负之空理而已也：不仅仅是快胜慢负的空理而已。特，只，但。

译文

七疾，指的是眼要疾、手要疾、脚要疾、意要疾、出势要疾、进退要疾、身法要疾。练习拳术的人具备了这七疾，才能（在实战中）完全取胜。所说的纵横往来，不及眨眼，就像生龙活虎，让人不可捉摸的高手，靠的就是这七疾。

一、眼要疾。眼是心的窗口，眼睛观察敌情，传达到心，然后才能顺应敌人的来势，施展自己的变化，取胜成功。然而交手之际，战场情况瞬息万变，眼不疾快，就不能观察对方的动静，识破对方的变化，哪能出奇制胜呢？拳谱上说：“心为元帅，眼为先锋。”这是说心意的变动快慢，全凭眼观察的快慢。这样说来，眼的疾快，实在是练习武艺的人必须具备的。

二、手要疾。手是人的翅膀。凡是捍蔽、进攻，无不依赖于它。但是交手的规律，全看快慢。迟慢的失败，速快的胜利，这是自然之理。所以俗话说：眼明手快，有胜无败。拳谱上说：手起如箭、落如风，追风赶月不放松，也是说手法要灵敏快疾。乘其无备而攻之，出其不意而取之，不怕他身大力猛，一动就打败他了。

三、脚要疾。脚是身体的根基。脚站得稳则身稳，脚前进则身随之前进。形意拳中浑身力量整实，没有一处偏重，脚前进、身前进，直抢敌人的站位，那么他自然会倒地。拳谱上说：“手与脚合多一力。”又说：“脚打踩意莫留情，消息全凭后足蹬；脚踏中门抢他位，就是神手也难防。”又说：“脚打七分手打三。”根据这些话来看，脚的疾快更应当快过手的疾快。

四、意要疾。意是身体的主帅。前面说眼有监视、观察的功能，手有拨转的功能，脚有行走的功能。然而它们的迟速快慢，都要听从意的指使。所以说立意一疾，眼与手、脚的反应就都会恰到好处。因此，眼的明察秋毫，是意指使它的；手出不空回，是拳的精意指使它的；脚的快捷，也是意使它快捷的。既然这样，那么意可以不疾快吗？

五、出势要疾。藏在心里的为意，表现在外面的为势。意既已疾快了，出势更不能不疾快。事变当前，必须势随意生，随机应变，让敌人感到迅雷不及掩耳，张惶失措，没有对待的方法，才能制胜。假如意的变动很快，但是出势的速度跟不上，就会应对失常，那么失败也就是必然的了。因此意与势相合，成功可以断定；意疾而势缓，必败无疑。学习武技的人能不在这上面加强注意吗？

六、进退要疾。这一节所讨论的，乃是纵横往来、进退反侧之法。该进就进，竭尽全力径直向前；该退就退，收住自己的攻势断然返回。至于进退的时机，则要看敌人的强弱。强就避开他，此时适宜智取；弱就攻击他，此时可以力敌。总之，（出势疾快的）关键在于速进速退，不让敌人利用我的空当。（这就是）所说的“高势与低势要随着时机来变化，纵势与横势要根据形势来决定”。

七、身法要疾。形意武术中，凡是五行、六合、七疾、八要、十二形象等法则，都要以身法为根本。拳谱中说：“身如弩弓拳如箭。”又说：“上法须要先上身，手脚齐到方为真。”所以说，身法是形意拳术的根本。要摇膀活胯，周身辗转，侧身而进。而不可前俯后仰，左歪右斜。前进就直接向前打出，后退就直接往后退出。尤其必须手与足合、肘与膝合、肩与胯合（即外三合），务必要使自己周身团结在一起，上下形成一个整体，就是在进退的时候，（这种身法）也不能破开和散乱。所以必须做到疾快而不散乱，这样，身法的疾快才算完全形成，而不仅仅是快胜慢负的空理而已。

第六章　起落钻翻横竖辨

按[①]五拳、十二形之起、落、钻、翻、横、竖数字[②]，学者最易模糊，即[③]教者亦未易明白指示。盖[④]一手[⑤]倏忽之间[⑥]，而六字皆备[⑦]焉。谱云："起横不见横，落顺不见顺。"又云："起无形，落无踪。"言神乎技者[⑧]之巧妙无踪，受之者与观之者[⑨]俱不能知其所以然也。然使[⑩]学者于初学时即[⑪]不辨其孰为[⑫]起落，孰为钻翻，孰为横竖，则用力从何处着手，心又从何处领会？此等处，教人者亟须辨之[⑬]。窃谓[⑭]手之一动为"起"，由动而直[⑮]上出为"钻"，钻之后腕稍扭[⑯]为"横"，由扭而使手之虎口朝上时为"翻"，既至[⑰]虎口完全朝上则为"竖"矣，至竖而近于"落"矣[⑱]。然又未必能遽落也。[⑲]或离敌稍远，再以手前去而逼之，此前出之时即为"顺"。谱中钻翻横竖起落之外又有"落顺不见顺"之"顺"字，即此也。及乎[⑳]学者既精，诚有神乎其神、不可捉摸之处，惟[㉑]初学时，则不可不逐条分别详细言之耳。如谱云："束身而起，藏身而落。"此即[㉒]一身之伸缩变化而言也。"起如风，落如箭，打倒还嫌慢。"又即[㉓]一身与手足击人而并言[㉔]之也。又云："不钻不翻，一寸为先。"盖敌已临身，时机迫促，无暇钻翻，且不及[㉕]换步，且将何以攻之乎？曰：在手直出。然[㉖]，但手直出，周身之力又恐不整，故以寸步为先。寸步者，即是后足一蹬，前足直去，惊起四梢[27]，如此则浑身抖擞之力全注于不钻不翻之手，敌人始能仰卧数武[28]之外。以上皆顺字之效也。

注 释

①按：考查。

②数字：数个字；几个字。

③即：即使是；即便是。

④盖：发语词。

⑤一手：犹“一招”；一出手。

⑥倏忽之间：指极短的时间。

⑦六字皆备：六个字都具备。

⑧神乎技者：神乎其技的人。

⑨受之者与观之者：承受的人和旁观的人。

⑩使：假使。

⑪即：就。

⑫孰为：什么是。

⑬此等处，教人者亟须辨之：这些地方，教人的人急需要辨别清楚。亟，急切。

⑭窃谓：窃以为；私下以为。窃，谦辞，私下。

⑮直：径直。

⑯腕稍扭：手腕稍微内旋。

⑰既至：已经达到。

⑱至竖而近于“落”矣：到了竖就接近于“落”了。

⑲然又未必能遽落也：然而又不一定能立即就落。遽，急，仓促。

⑳及乎：等到。

㉑惟：但是；只是。

㉒此即：这是就。

㉓又即：又是就。

㉔并言：一起说。

㉕不及：来不及。

㉖然：然而。

㉗惊起四梢：即心一惊而发欲冲冠、齿欲断筋、舌欲摧齿、爪欲透骨。

㉘数武：数步。武，半步，泛指脚步。

译 文

考查五行拳、十二形拳的起、落、钻、翻、横、竖几个字，学拳的人最容易模糊不清，即使是教拳的人也不容易明确地讲出来。盖因为一出手的极短时间内，而六个字都具备了。拳谱上说："起横不见横，落顺不见顺。"又说："起无形，落无踪。"这是说技术神妙的人，出手巧妙，不见踪迹，被打的人和旁观的人都不能知道它是怎么回事。然而假使学拳的人在初学时就分辨不清什么是起落，什么是钻翻，什么是横竖，那么用力应该从何处着手，心又应该从何处领会？这些地方，教拳的人亟须要辨别清楚。窃以为手一动为"起"，由动而径直向前上打出为"钻"，钻之后手腕稍微扭转为"横"，由扭转而使手的虎口朝上时为"翻"，到了虎口完全朝上则为"竖"了，到了竖就接近于"落"了。然而又未必能立即就落。也许此时离敌稍远，再用手往前去催逼他，这个往前出手的时候就是"顺"。谱中钻翻横竖起落之外又有"落顺不见顺"的"顺"字，就是指的这个。等到学拳的人已经精于技术的时候，确实有神乎其神、不可捉摸的地方，但是初学的时候，就不可以不逐条分别详细讲解。如谱上说："束身而起，藏身而落。"这是就一身的伸缩变化来说的。"起如风，落如箭，打倒还嫌慢。"又是就一身与手足击人而一起说的。又说："不钻不翻，一寸为先。"盖因为敌已临身，时机紧迫，没有时间钻翻，而且来不及换步，那么将用什么方法攻击对方呢？回答：在于将手径直打出。然而，光是手径直打出，周身的力又怕不整，所以又以寸步为第一。寸步，就是后足一蹬，前足径直前去，惊起四梢，这样就能将浑身的抖擞之力全部贯注到不钻不翻的手（来打击对方），敌人才能够仰跌于数步以外。以上都是“顺”字的效果。

第七章 桩法[①]

目向前视，身斜四十五度[②]。前膊约一百七十度，后膊约百十度。[③]两腿约一百五十度[④]，前脚直[⑤]，后脚斜四十五度[⑥]。前手与心平，后手与脐平。[⑦]两肩平[⑧]。

桩法必要：

头顶，项竖，肩垂，抱胯，前膊裹肘，提膝，提肛，手心回缩。[⑨]

注 释

① 桩法：这里指三体式桩。

② 身斜四十五度：即右脚在前时，身体半面向前、半面向左。左脚在前时反之。

③ 前膊约一百七十度，后膊约百十度：前手大小臂夹角约 170 度，后手大小臂夹角约 110 度。

④ 两腿约一百五十度：两腿的大小腿夹角约为 150 度。

⑤ 前脚直：前右脚朝向正前方。

⑥后脚斜四十五度：后左脚朝向左前方，与正前方夹角为45度。

⑦前手与心平，后手与脐平：前手高与胸齐，后手与肚脐同高。

⑧两肩平：两肩松沉平齐，不可一高一低。

⑨头顶……手心回缩：头往上顶，项（即后颈）往起竖，肩往下垂，两胯合抱，前臂的肘要向里垂裹，两膝提纵，提肛包臀，两手心回缩。

下卷
分论

总论言其根底[①]，分论言其运用。如炼气之功不于身手各处发挥之，何以见其充盈刚大之妙？曰五行拳，曰十二形拳，由拳而推之[②]剑与枪，皆丹田之气凝聚而运用之者也。学者逐式学之，实体[③]其六方[④]团聚之功，亦庶乎[⑤]其可以进矣。

注释

①根底：基础；根基。

②推之：推及。

③实体：实际体验。

④六方：六个方向，即前、后、左、右、上、下。

⑤庶乎：犹言庶几乎。近似，差不多。

译文

总论讲它（按：指形意拳术）的根基，分论讲它的运用。假如（前面所讲的）炼气之功不在身手各处发挥出来，拿什么表现它（按：指丹田之气）的充盈刚大之妙呢？（后面所讲的）五行拳、十二形拳，由拳再推及至剑与枪，都是丹田之气的凝聚与运用。学习者一式一式地学习它，实地去体验它的六方团聚之功，也差不多可以进步了。

第一章 拳论

第一节 五行拳论

五行者，金、木、水、火、土也。在五脏为心、肝、脾、肺、肾，在形意武术则劈、崩、钻、炮、横也。五行配五脏，五脏配五拳，故习五拳即所以养五脏[①]。然人以心为主[②]，以气为用，以丹田为根本。丹田足则肾水足，精神旺；心气足则脑力坚，神经敏；肺脏足，气必充；肝脏足，力必猛；脾脏充盈，身体必健。故五行拳，内养五脏，补脑力，保丹田；外强筋骨，捷手足，便耳目[③]。奥妙无穷，裨益匪浅[④]，习久自能知之也。兹分论之如下。

注 释

①故习五拳即所以养五脏：所以练习五行拳就是由它来滋养五脏。

②主：主宰。

③外强筋骨……便耳目：对于体外来说，则能使筋骨强健、手脚便利、耳目聪明。

④裨益匪浅：益处不小。裨，音 bì，增添，补助。益，增加，增益，利益，好处。匪，非，不是。

口令副

立正，势如第一图。无论何种拳术，均以此为第一步。

开势，势如第二、第三图。无论何种拳术，均以此为开势。

第一图

第二图

第三图

一、劈拳

劈拳属金，取其锋利之意也。其气发于肺脏[①]。筋稍[②]用力则肺脏舒，故劈拳可以养肺。

用功时，右手阳拳[③]从前心处钻出，上[④]与鼻齐，曲至百十度[⑤]。左手从右手上钻出[⑥]，然后放掌落下，曲约百七十度[⑦]，与左足齐进[⑧]。右手撤回肋下与脐平[⑨]，但不得过胯后。前手与心平（按：第一图）。左手钻，右手亦如之[⑩]（按：第二图）。头向上顶，下腭要无形向前用力；两足抓地，两手如抓物；四肢用力平均，作四平式；手之虎口作半圆形，四指稍炸[⑪]；两手出入，自前心处经过[⑫]，盖取其两手护心，两肘护肋[⑬]；目向前直视，口须微闭，舌顶上嗓，使元气不散，口不干；齿扣，肩垂，则气下行；身势不前俯、不后仰，不左斜、不右歪，直出直入，手动足随，循环不已。此拳刚中有柔，柔中有刚，功久而后有成，非易为也。

第一图

第二图

注 释

① 其气发于肺脏：它的气是从肺脏发出来的。

② 筋稍：手指脚趾为筋稍。

③ 阳拳：拳心朝上为“阳拳”。

④ 上：向前上打出。

⑤ 曲至百十度：即大小臂夹角约为 110 度。

⑥ 左手从右手上钻出：再将左手从右手上钻出。

⑦ 曲约百七十度：左大小臂夹角约为 170 度。

⑧ 与左足齐进：左手劈拳与左脚进步一齐。

⑨ 右手撤回肋下与脐平：与左手劈拳同时，右手拉回肋下与肚脐同高。

⑩ 左手钻，右手亦如之：再左手钻出，右手打出劈拳。

⑪ 四指稍炸：四指稍揸开。

⑫ 两手出入，自前心处经过：即两手中线出入。

⑬盖取其两手护心，两肘护肋：这是采取它（按：指中线出入）两手护心、两肘护肋的功能。

二、崩拳

崩拳属木，而金克木，故劈拳破崩拳。崩拳似箭，以其直而速也。其气发于肝脏，骨节用力则肝脏舒，故崩拳可以养肝。练此拳时，以劈拳开势，然后两手齐握[①]。右手平直向前打出，虎口朝上；左足进步与之相顾[②]；同时，左拳顺胯[③]撤回至肋下，手心朝上（按：第一图）。再使左拳打出，右拳顺胯撤回（按：第二图）。两拳出入，均是左足在前。如此则肩胯相合，无限功用。连接不断，前进不息。如欲后转，则无论左右拳在前，均向右转[④]，作龙形势[⑤]。盖因左腿在前，左转不便故也。此拳贵直贵速，宜猛不宜迟，手足如一[⑥]。谱云："出洞入洞紧随身。""两手不离身，手脚去快似风。""疾上更加疾，打倒还嫌迟。"所以明其贵直贵速也。若其应用之妙，则功久者自知之。

第一图

第二图

注 释

①齐握：一齐握拳。

②相顾：相照应。

③顺胯：顺着左胯。

④向右转：即右后转身。

⑤龙形势：即“狸猫倒上树”。

⑥手足如一：前手拳与后右足相互贯通，构成一个强大的弹性竖劲。

三、钻拳

钻拳属水，以[①]其有隙必入[②]也。其形似闪[③]，以其敏速，令人捉摸不着也。其气发于肾脏，肉稍用力[④]则能补肾。练时，仍以劈拳开势。然后两拳齐握，肘向里裹，右拳从前心处钻出，上与鼻齐，其角度与在肋下时同[⑤]；左手放掌向下，与脐平，至肋下（按：第一图）。左手钻，左足随之[⑥]（按：第二图）；右手钻，右足随之（按：第一图）。内外相连[⑦]，手足相顾[⑧]，连环不断。

第一图

第二图

此拳本为肘打[⑨]，用力尤在肘[⑩]。肘向体中线裹挤，周身防护严密，使敌人无隙可乘。谱云："先打顾法后打人"，此之谓也[⑪]。力既注于肘，故用之击敌时，敌人如有防御，则我之前手撤回，变为顾法；后手即进，而为打法。如此连接不断，可谓顾打兼备矣。惟[⑫]进退之间，则在我用之如何耳。

注 释

①以：因为。

②有隙必入：遇有空隙一定会钻进去。

③闪：闪电。

④肉稍用力：即舌顶上腭，舌欲摧齿。肉稍，指舌。

⑤其角度与在肋下时同：即前右手大小臂夹角仍为110度左右（见上卷"第七章　桩法"）。

⑥左足随之：左足随之进步。

⑦内外相连：即内三合。

⑧手足相顾：即外三合。

⑨肘打：这里指肘向身体中线裹挤，进攻同时，自身防护严密（见下文）。

⑩用力尤在肘：演练时尤其要注意肘的裹挤。

⑪此之谓也：说的就是这个意思。

⑫惟：只不过。

四、炮拳

炮拳属火，以其暴发最烈也。其气发于心脏，必得用血梢之力[①]，然后能养心血。练法亦先以劈拳开势。右手向前与左手齐[②]。双手握拳撤回，向上之手在脐间，向前之手在肋下[③]；同时，进一疾步立定。“疾步”者，前足急进，后足紧跟，后足踏定，前足提起与胫骨平也④（按：第一图）。然后，左手向上钻挑，高出眉额，上膊⑤作半圆形；右手平直打出，如崩拳状；左足进步与之相应⑥（按：第二图）。然后，再作寸步，双手撤回⑦。右手钻挑，左手打出，与右足相应⑧（按：第三图）。如此连接不断。惟此拳当⑨猛烈如燃炮，一手钻挑，所以护已，兼以防敌；⑩一手崩出，所以乘敌人不备⑪。是以⑫有发必中，不容稍缓⑬也。

第一图

第二图

第三图

注 释

①用血梢之力：即浑身毛孔收紧，发欲冲冠。血梢，指毛发。

②右手向前与左手齐：（由三体式）先右手向前伸出与左手对齐。

③双手握拳撤回……向前之手在肋下：再双手一齐握拳拉回，身右拧；左手回到肚脐处，右手回到右肋下，左手拳心向上、拳面向右，右手拳心向上、拳面向前。

④“疾步”者……与胫骨平也：“疾步”，是指前（左）足先急进一步（按：此动与双手前伸同时），再后（右）足紧跟、并向前（左）足的前面大进一步（按：此动与双手拉回同时），后（右）足一踏定，前（左）足立即跟上

提起，左足底与右里胫骨（按：当为踝骨）相平并紧靠。

⑤上膊：这里当指整个胳膊。

⑥右手平直打出……与之相应：身左拧，右手向左前方平直打出，像崩拳一样；左足同时向左前方大进一步与之相呼应。

⑦再作寸步，双手撤回：再左脚向前垫进半步，右脚跟提；同时双手拉回，身左拧，右手回到肚脐处，左手回到左肋下，右手拳心向上、拳面向左，左手拳心向上、拳面向前。

按：左脚垫进方向有两种，一种是向左前，一种是拐向右前。

⑧右手钻挑……与右足相应：再右拧身，右脚向右前方大进一步，同时，右手钻挑，左手向右前方打出，与右脚相呼应。

⑨当：应当。

⑩一手钻挑……兼以防敌：一只手钻挑，是用来保护自己，并且用来防御对方。

⑪一手崩出，所以乘敌人不备：另一只手同时崩出，是为了乘敌人不备来打击他。

⑫是以：所以；因此。

⑬不容稍缓：容不得一点迟缓。

五、横拳

横拳属土，其形似弹。[①]弹，圆物也。[②]圆则上下兼顾，故横拳亦肘打而兼顾法者也。[③]其气发于脾脏，故能养脾。以劈拳开势，而两手齐握，肘向里裹，右手从左手下斜出；左足进步与之相顾；左手撤至肋下[④]（按：第一图）。左手从右手下斜出，如右手状；而与右足相顾；右手撤至肋下[⑤]（按：第二图）。此拳之妙，在拗步斜身，以横破直。[⑥]谱云“起横不见横”，方为善用[⑦]。故武术离却横，即不能行其要，概可见矣。[⑧]

以上五拳，练法各自不同，其用亦甚异[9]。然至打法、顾法，则无不兼而有之。[10]且无论何拳，非仅前后两手互为顾、互为打[11]也。即一手之出，亦无不兼而有之。[12]盖手之出，必具起、落、钻、翻、横、竖六法。[13]凡[14]起、钻、横等字，均为顾法；而落、翻、竖三字，则为打法。至[15]前手、后手连环打出时，凡前手撤回，均为顾法；后手继出，均为打法。形意武术中所谓“打破”而非“破打”者，即此也！[16]

第一图

第二图

注 释

① 横拳属土，其形似弹：横拳在五行中属土，它的形象就像弹弓发射弹丸。

② 弹，圆物也：弹丸是圆球形的东西。

③ 圆则上下……兼顾法者也：因为它是圆球形，所以一出手，上下左右都能照顾到，所以横拳也是发挥肘部的裹挤作用，而在打法中兼有顾法。

④ 以劈拳开势……左手撤至肋下：先以劈拳开势。由劈拳势（按：即三体式），两手一齐握拳，前左手外旋，拧至拳心朝上，肘向里裹。再右拳

从左肘下一边外旋、一边向左前方斜着打出，至终点时成为拳心朝上。同时，左脚向出拳的方向进步与之相照应（按：右脚跟进半步）；左拳从右肘上边内旋、边拉回至左肋下，至终点时成为拳背朝上。

⑤ 左手从右手下斜出……右手撤至肋下：两手不动，先左脚向前垫进半步。再右脚向右前方大进一步，左拳从右肘下一边外旋、一边向右前方斜着打出，与右脚上下相照应，至终点时成为拳心朝上。同时，右拳从左肘上一边内旋、一边拉回至右肋下，至终点时成为拳背朝上。

⑥ 此拳之妙……以横破直：此拳的妙处在于拗步斜身，以我的斜横劲破对方的直劲。拗步，异侧手脚在前为“拗步”，同侧手脚在前为“顺步”。斜身，身半面朝前、半面朝侧为“斜身”。横，这个横，不是横拨，而是我方出拳方向与对方出拳方向形成一个夹角，我方拳打向对方身体的同时，我方的肘及小臂将对方的来拳挤偏失效。

⑦ 谱云“起横不见横”，方为善用：拳谱上说的“起横不见横”，才是善于运用的表现。

⑧ 故武术离却横……概可见矣：因此武术离开了横，就不能体现它的窍要，这是可以概略知道的。

⑨ 甚异：很不相同。

⑩ 然至打法……兼而有之：然而说到打法与顾法，则无不是兼而有之。打法，打击对方的方法。

⑪ 前后两手互为顾、互为打：即前后两手一为顾手、一为打手。

⑫ 即一手之出，亦无不兼而有之：即便是只出一只手，也无不是顾法与打法兼而有之。

⑬ 盖手之出……横、竖六法：因为一出手，必定具备起、落、钻、翻、横、竖六种手法。

⑭ 凡：凡是。

⑮ 至：至于。

⑯ 形意武术……即此也：形意武术中所说的“打破”而不是“破打”，

就是这个道理。打破，打就是破（破就是打）。破打，先破后打，破了再打。

第二节　十二形拳论

天生动物，各异其能，长于此者短于彼，未有能兼全者。[①]惟人为万物之灵，故能采诸物之长以为己用，形意武术所以有十二形之别者，即此故也。[②]十二形者，龙、虎、猴、马、鼍、鸡、燕、鹞、蛇、骀、鹰、熊也，分述如左[③]。

注　释

① 天生动物……未有能兼全者：自然形成的种种动物，各有特长，在这一方面擅长的，在另一方面就不擅长，没有各种长处全面具备的。

② 惟人为万物之灵……即此故也：但是人为万物之灵，故而能够采取各种动物的特长来为自己所用，形意武术之所以有十二形拳的分别，就是这个缘故。

③ 分述如左：分别论述如下。

一、龙形

龙之为物[①]，最擅长者，在能伸缩自由，变化不测。谱云："龙有搜骨之法。"吾人欲效其形而制胜，非周身筋骨利便不可。故练龙形，惟觉身伏时力多在腿，而两膝最为吃力；起时则多在腰，非腰有竖力不能。至[②]其伸缩变化，则又必用全身之力也。劈拳开势[③]。两手握拳。左手收回，由前心上钻，同时左腿提起[④]（按：第一图）。浑身一齐收缩下伏。身向左，右手与左足在前，作拗势，左足外横[⑤]（按：第二图）。再将右手上钻，浑身展开上纵，即时落下。身向右，右足与左手在前，亦作拗势，右脚外横[⑥]（按：第三图）。如是[⑦]连接不断。

第一图

第二图

第三图

注 释

① 龙之为物：龙这种动物。

② 至：至于。

③ 劈拳开势：即先打出左劈拳。

④ 两手握拳……同时左腿提起：由左劈拳势（按：即左三体式），两手握拳。将前左手先收回，再由前心向上钻出，同时左腿提起。

⑤ 浑身一齐……左足外横：紧接着浑身一齐收缩，往下伏坐。身向左侧，右手与左足在前，形成拗步扭身之势，左足外横约 90 度。

⑥ 再将右手上钻……右脚外横：由上式，将前右手先收回再向上钻出，同时，右腿提起，浑身展开向上纵跳而起，再落下。腰身拧向右侧，右足与左手在前，也是形成拗步扭身之势，右脚外横约 90 度。

⑦ 如是：如此。

二、虎形

虎之为物，扑力最强。所向无前[①]，猛不可当。吾人练虎形，所以能前扑有力者，其要点皆在于臀。惟[②]臀将下之力[③]向上一提，将后之力[④]向前一送，方能[⑤]将周身之力自背而达于脑，由脑而下注于[⑥]一扑。非领会臀力，不得练[⑦]此法也。练法以劈拳开势。右手向前与左手齐，两手握拳，即时撤回肋下，疾步前进[⑧]（按：第一图）。谱云所谓“虎有扑食之勇”者是也。两手上钻，肩膀下垂，迨手与口平，前出放掌落下，与左足相顾[⑨]（按：第二图）。

左足寸步，两手撤回肋下。[⑩]右足前进，两手上钻，放掌落下，与右足相顾。[⑪]如是左右连接不断。

第一图

第二图

注 释

① 所向无前：即“所向无敌”。无前，前面没有敌手。

② 惟：只有。

③ 下之力：由后腿向下的蹬力而产生的地对人的向前的反作用力。

④ 后之力：由后腿向下、向后的蹬力而产生的地对人的向上、向前的

反作用力。

⑤ 方能：才能。

⑥ 下注于：往下贯注于。

⑦ 不得练：练不了。

⑧ 右手向前……疾步前进：此动解释请参看上文“炮拳注释”②、③、④。

⑨ 两手上钻……与左足相顾：接着，身扭向左前，左脚向左前大进一步；同时两拳顺着胸部往上钻，拳心向里；至手与口相平时，向前（按：即左前方）放掌扑出、落下至掌与胸平。注意肩膀下垂，臀部往前兜挤；手往前上钻时腰微提，往前下扑出时腰沉坐。

⑩ 左足寸步，两手撤回肋下：再左脚向前垫进半步，右脚跟提；同时双手拉回肋下。

⑪ 右足前进……与右足相顾：接着，身扭向右前，右脚向右前大进一步；同时两拳顺着胸部往上钻，拳心向里；至手与口相平时，向前（按：即右前方）放掌扑出、落下至掌与胸平。注意肩膀下垂，臀部往前兜挤；手往前上钻时腰微提，往前下扑出时腰沉坐。

三、猴形

猴生长山林[①]，攀援跳跃乃其长技[②]，故练猴形须跳跃敏捷，身法灵便。谱云：“猴有纵山之灵。”惟既纵之后，右手伸则左腿提，左手伸则右腿提，打时尤非膝力不可。[③]练法以劈拳开势。左手上钻，左足作外行寸步，右足内行进步，[④]而左足退，右足亦退。左、右手各随退步作劈拳势[⑤]（按：第一图、第二图）。全身收缩作小势[⑥]（按：第三图）。然后蹿跳而前，全身展开；左腿提起，右手前伸与鼻齐[⑦]（按：第四图）。左手劈出，与左足齐落[⑧]（按：第五图）。右手上钻，身向后转，练法左右相同。[⑨]此拳练时，以项竖、齿扣、目灵、蹿跳、敏捷为要[⑩]也。

第一图

第二图

第三图

第四图

第五图

注 释

① 生长山林：生长在山林之中。

② 乃其长技：是它擅长的本领。乃，是。

③ 惟既纵之后……非膝力不可：但在纵跳之后，右手伸出则左腿提起，左手伸出则右腿提起，练习时尤其非用膝的力量不可。

④ 左手上钻……内行进步：由左劈拳式（即左三体式，见劈拳第一图，

面向左），左手先拉回变拳，再钻出，成拳心向上。同时，左脚外摆垫进少半步，身左后转。紧接着，右脚里扣进步到左脚前。

按：此时已完成左后转身，成左拳、左脚在前（转身后的“前”），相当于右劈拳的第一式（见本节猴形第一图，此时面向右）。

⑤ 而左足退……作劈拳势：再左脚后退一步到右脚后，右脚跟退半步。同时，左手拉回、右手伸出，随着退步作右劈拳势（见本节第二图）。

⑥ 全身收缩作小势：上动不停，再右脚撤到左脚后，左脚跟撤半步；左手伸到右手前上一起拉回，全身收缩、微下蹲，成一个小三体式。（第三图）

⑦ 然后蹿跳而前……与鼻齐：然后向前上蹿跳而起，全身展开。左腿提起，右手前伸与鼻对齐。（第四图）

⑧ 左手劈出，与左足齐落：身落地时，右脚先落，再左脚进落到右脚前，同时左手从右手上劈出、右手从左手下拉回。（第五图）

⑨ 右手上钻……左右相同：再右手上钻，同时，右脚外摆垫进到左脚前，身右后转。紧接着，左脚里扣进步到右脚前。

按：这一动可参看本节第一图，只是前后、左右相反。

⑩ 要：要点。

四、马形

马形谱云：“马有蹟蹄之功。”“蹟蹄”者，马走极快之时，后蹄能过[①]前蹄数武[②]，此其长也[③]。练马形时，须后足向后一蹬，前足前进，后足再极力向前拥进，此步名曰“疾步”。

练法以劈拳开势。两手握拳，先进左足，右足疾进立定；右手崩出，左手撤附右手腕上；左足提起，与右胫骨平[④]（按：第一图）。再进左足，打作顺势崩拳[⑤]（按：第二图）。然后右足、右手作钻拳势。[⑥]此后练法左右相同，如是连接不断。[⑦]

第一图

第二图

注 释

①过：超过。

②数武：数步。武，古时以六尺为步，半步为武。

③此其长也：这是它的特长。

④两手握拳……与右胫骨平：由左劈拳式（即左三体式），两手握拳。前（左）足先急进一步，再后（右）足紧跟、并向前（左）足的前面大进一步，后（右）足一踏定，前（左）足立即跟上提起，左足底与右里胫骨（按：当为踝骨）相平并紧靠。与右足进步同时，右手打出崩拳，左手撤回、附在右手腕上。（第一图）

⑤再进左足，打作顺势崩拳：再左脚进步，打出左手顺步崩拳。（第二图）

⑥然后右足、右手作钻拳势：然后，再左脚垫步，右脚进步，打出右手钻拳。

⑦此后练法左右相同，如是连接不断：这以后的练法左右相同，如此连接不断。

按：根据左右对称的关系，可以推出马形下一组动作如下：

a. 由右钻拳式，前（右）足先急进一步，再后（左）足紧跟、并向前（右）足的前面大进一步，后（左）足一踏定，前（右）足立即跟上提起，右足底与左里胫骨（按：当为踝骨）相平并紧靠。与左足进步同时，左手打出崩拳，右手撤回、附在左手腕上。

b. 再右脚进步，打出右手顺步崩拳。

五、蛇形

蛇形如守宫，当与鳄相近。[①] 谱云："蛇有浮水之精。"则其为善浮之鱼类可知。[②] 练蛇形时，其打法均用肘，故用力于肘最为重要。谱云"肘为一拳"者，此也。[③]

练法以劈拳开势。拇、食二指伸开，余皆卷握。[④] 左手贴身上钻，摇膀活胯，侧身斜步，偏左而进。左手心向外，右足随之提起与左胫骨平[⑤]（按：第二图）。

随即右手贴身上钻，右足右进，左足随之提起与右胫骨平，身法如一[⑥]（按：第一图）。如是左右连接不断。

第一图

第二图

注　释

①蛇形如守宫，当与鳄相近：蛇的形状像守宫，它的体型应当与鳄鱼接近。守宫，壁虎。

②谱云……鱼类可知：（形意）拳谱上说："蛇有浮水的特长。"由此可知它是一种善于浮水的鱼类。

③谱云……此也：（形意）拳谱讲"肘为一拳"，说的就是这个。

④拇、食二指伸开，余皆卷握：由左劈拳式（即左三体式），两手拇指和食指伸开，其余各指都卷握起来，成"八"字形掌。

⑤左手贴身上钻……与左胫骨平：先左手收回，小臂外旋，手心朝里，贴身上钻。再摇膀活胯，左拧身，左脚向左前方进步，右脚随即跟提，右脚底与左里踝骨相平紧靠；同时，左手领着小臂向左前方横着撑出，边横撑边内旋小臂，至左手心向外，注意肘部撑圆贯劲。（第二图）

⑥随即右手贴身上钻……身法如一：接着，先右手小臂外旋、贴身上钻，再随着右脚向右前方进步，摇膀活胯，右拧身，右手领着小臂向右前方横着撑出，边横撑边内旋小臂，至右手心向外，注意肘部撑圆贯劲；左手边外旋边收回腹前。左脚跟提，左脚底与右里踝骨相平紧靠。身法要整体协调如一。（第一图）

六、鸡形

谱云："鸡有欺斗之勇。"夫所谓"欺斗之勇"者，竖腿[①]，伸颈，伺隙[②]而进，血流被面[③]，不稍[④]退却之谓也。练法劈拳开势[⑤]。右手前伸，左手撤回肋下，左足向前寸步。[⑥]右足疾进立定，左足平提，同时左手前伸，右手撤回[⑦]（按：第一图）。左足前进落下，右手、右足作劈拳势打出。[⑧]左手前伸，右手撤回肋下，右足寸步。[⑨]左足疾进立定，右足平提，同时右手前伸，左手撤回。[⑩]右足前进落下，左手、左足作劈拳势打出[⑪]（按：第二图），如是左右连接不断。

第一图

第二图

注 释

① 竖腿：即蹬腿。

② 伺隙：窥察（对方的）空子。

③ 被面：覆盖脸部。被，被子，引申为覆盖。

④ 不稍：一点也不。

⑤ 练法劈拳开势：练法由劈拳开势。

⑥ 右手前伸……向前寸步：由左劈拳式（即左三体式），右手向前打出，左手撤回肋下，左脚向前进步，右脚立即跟提。

⑦ 右足疾进……右手撤回：再右脚大进一步独立，左脚跟提，同时左手向前打出，右手撤回肋下。（第一图）

⑧ 左足前进……劈拳势打出：再左脚垫步，右脚大进一步到左脚前，左手拉回，右手向前打出右手劈拳，成右三体式。

⑨ 左手前伸……右足寸步：参看注释⑥，惟左右相反。

⑩ 左足疾进……左手撤回：参看注释⑦，惟左右相反。

⑪ 右足前进……劈拳势打出：参看注释⑧，惟左右相反。

七、燕形

谱云："燕有抄水之精[①]。""抄水"者，向水而落，沾水而起之谓也。[②] 练此形者，即取燕之抄水势，故用力多在膊[③]，然后侧身一斜，再注于手[④]。练法劈拳开势。左手里裹，右手向左手下钻挑与眉齐。[⑤] 两膊分开，伏身而进，左手顺腿直出，如燕之抄水然。[⑥] 右足进步立定，左足提起，与右胫骨平；右手抓裆，左手伏腕上[⑦]（按：第一图）。左足前进，左手作劈拳势打出[⑧]（按：第二图）。右手、右足前进，再作劈拳势。[⑨] 如是左右连接不断。[⑩]

第一图

第二图

注 释

① 燕有抄水之精：燕子有抄水的特能。

② "抄水"者……之谓也：所说的"抄水"，指的是燕子向着水面落下，一沾水就又飞上天。

按：抄水，将水抄起。

③ 膊：膀。

④ 再注于手：再将力贯注于手。

⑤ 左手里裹……挑与眉齐：由左劈拳式（即左三体式），先左小臂外旋里裹（按：即掩手），同时右手从左小臂下向前上钻挑至与眉齐。

⑥ 两膊分开……燕之抄水然：再腰身右拧，两臂膊前后分开，身体下伏前进，左手顺着前左腿反手往前铲出，就像燕子抄水似的。

⑦ 右足进步……伏腕上：然后，左腿起立，右脚进到左脚前立定，左脚跟提；同时右手伸出抓袑（按：右手心朝上），左手撤回伏在右腕上。（第一图）

⑧ 左足前进，左手作劈拳势打出：再左脚进步，打出左手劈拳。（第二图）

⑨ 右手、右足前进，再作劈拳势：再左脚垫步，左手钻出；右脚进到左脚前，打出右手劈拳。

⑩ 如是左右连接不断：像这样左右连接不断。

按：以下再做右手燕子抄水、左手抓袑、右劈拳、左劈拳，动作可参看注释⑤～⑨，惟左右相反。

八、鹞形

谱云：“鹞有入林之巧[①]。”以其展翅侧身，与别鸟不同也。[②]练此形，力多[③]在两膊[④]。但燕形之在膊者，乃系后膊，且将后膊之力，侧身而送于手。[⑤]此则后膊并不直向前来，前膊亦并不直向后去，惟身稍取斜势，两膊一抖，展翅侧身，乃入林之巧也。[⑥]练法亦[⑦]劈拳开势。左手里裹，右手由下上钻，有似燕形。[⑧]惟左足寸步时，左拳随之钻出，非如燕形之顺腿进也。[⑨]然后，右手、右足前进，似马形第一节[⑩]（按：第一图）。左足进步，打做顺势炮拳[⑪]（按：第二图）。右手、右足打做钻拳势。[⑫]如是左右连接不断[⑬]。

注 释

① 鹞有入林之巧：鹞子有入林穿行的妙技。

第一图　　第二图

②以其展翅侧身，与别鸟不同也：因为它在林中穿行时展翅侧身，毫无挂碍，与别种鸟类不同。以，因为。

③多：大多。

④两膊：两膀。

⑤但燕形之在膊者……而送于手：（燕形的燕子抄水势，用力也大多在膀，）但是燕形的在膀，乃是后膀，而且是将后膀的力，通过侧身而送到后手。

⑥此则后膊……入林之巧也：此形则是后膀并不一直向前来，前膀也并不一直向后去，只不过身稍微取一个斜势，两膀一抖，展翅侧身，这乃是入林之巧。

按：燕形的燕子抄水势，前右膀要大往后拉，后左膀要大往前插，而鹞形两膀对开的幅度及身的斜度要小。

⑦亦：也是。

⑧左手里裹……有似燕形：由左劈拳式（即左三体式），先左小臂外旋里裹（按：即掩手），同时右手从左小臂下向前上钻出，这一动类似于燕形。

⑨惟左足寸步时……顺腿进也：只不过左脚垫步时，左拳随之反手向

前钻出，而不是像燕形那样顺前左腿铲出。

⑩ 然后……第一节：然后，再右脚疾进立定，左脚跟提，同时打出右手崩拳，与马形第一节相似，（只不过左手不在右手腕上，而是收回左肋下）。（第一图）

⑪ 左足进步，打做顺势炮拳：紧接着，左脚进步，打出左手顺步炮拳。（第二图）

⑫ 右手、右足打做钻拳势：再右拳绕后弧收回右肋下，右脚进到左脚前，打出右手钻拳。

⑬ 如是左右连接不断：像这样左右连接不断。

按：以下再由右钻拳势（相当于右劈拳的作用），接做对侧的鹞形动作，参看注释⑧～⑫，惟左右相反。

九、蛇形

谱云："蛇有拨草之巧。"取其乘隙前进。故此法用力须注于肩，所谓"肩打"者是也。练法劈拳开势。右手向左肩前插去，手心向外扭转；左手向右肋下插去，手心亦向外扭转。均作顾法。左足寸步，右足疾进立定，左足提起，与右胫骨平①（按：第一图）。左足前进，左手随之前擢与膝齐，右手撤回肋下②（按：第二图）。然后左足寸步，与左手相顾③。右腿前进，右手前擢④。如是左右连接不断。

注 释

① 右手向左肩前插去……与右胫骨平：由左劈拳式（即左三体式），先左脚垫进半步，再右脚疾进到左脚前立定，左脚跟提。与右脚疾进同时，右手向左肩前插去，小臂外旋，手心向外扭转（即手心扭向右）；左手向右肋下插去，手心也向外扭转（手心也向右）。两手都按顾法来做。（第一图）

第一图

第二图

②左足前进……撤回肋下：紧接着，左脚进步，左手随之向前上擢挑至膝的高度，右手撤回右肋下。（第二图）

按：蛇形挑打要着力于肩。

③然后左足寸步，与左手相顾：然后左脚垫步，右脚跟提，左手插到右肩前，右手插到左肋下，手脚相应。

④右腿前进，右手前擢：再右脚进步，右手向前上擢挑，左手撤回左肋下。

十、骀形

骀为鹰之一种，谱云："骀有竖尾之能。"又云："臀尾为一拳。"盖骀之击兔时，其身向下猛捕①，两翅一裹②，然后再用两腿一蹲③。捕者，顾而思获也；④裹者，恐其或逃也⑤；蹲者，胯打之也。⑥故练骀形者，两手皆落脐间，并不远去，此为顾法。至打时，翻转皆用胯，此所谓胯打之也。⑦练法劈拳开势。两手握拳，同时上钻与眉齐⑧（按：第一图），然后用力分开，所谓"白鹤展翅”者也。[9]先进右足，左足随之，两膊向里裹挤至脐前[10]（按：第二图）。如是左右连接不断。

第一图

第二图

注 释

①捕：扑捉。

②两翅一裹：即两翅一合裹。

③两腿一蹲：即两腿一蹲，臀尾往前下一挤。

④捕者，顾而思获也：扑捉，是为了得到它。

⑤裹者，恐其或逃也：合裹，是怕它逃掉。

⑥蹲者，胯打之也：蹲，是在用胯部打它。

⑦故练骀形者……胯打之也：所以练骀形的时候，两手都落在肚脐处，并不远去，这是顾法。至于打法，翻来转去都是用胯，这叫作胯打。

⑧两手握拳，同时上钻与眉齐：由左劈拳式（即左三体式），两手握拳落至腹前，再同时上钻至与眉齐。（第一图）

⑨然后用力分开，所谓“白鹤展翅”者也：然后用力分开，各划半圆落至腰部两侧，拳心均向上，这就是所说的“白鹤展翅”。

⑩先进右足……至脐前：再右脚大进一步到左脚前，同时两臂向里裹

挤至肚脐前，左脚随之跟进半步。（第二图）

按：此动要注意臂部往前兜挤。

十一、鹰形、熊形

谱云："鹰有捉拿之精，熊有竖项之力。"盖此二形，要点皆在目。但鹰下视[①]，而头不低；熊上视，而头不仰。二者均有绝大项力，不过一伸、一竖而已。[②]至[③]鹰形打法之用力处，全在筋梢[④]，一如鹰之拿兔时，以一爪猛抓，以一爪备在胸前也。熊之用力处在膊[⑤]，如熊之抖擞威风时，两膊之摇摆也。其打法必以两手上钻，缘不如此，与鹰斗时，必不能及也[⑥]。练法劈拳开势。左手撤回肋下，右手上钻及鼻[⑦]（按：第一图）。左拳从右拳上钻过，变作阴掌打出；右手放掌撤回肋下。右足进步，与左手相顾[⑧]（按：第二图）。拗步斜身，连接不断[⑨]。第一图须目神上注[⑩]，身法收束，若熊之斗鹰势。第二图须目神下注[⑪]，如鹰之战熊势。

第一图

第二图

注 释

① 下视：往下看。

② 二者均有……一竖而已：二者的后颈均有绝大挺力，不过一种是往前伸、一种是往上竖罢了。项，颈的后部。

③ 至：至于。

④ 筋梢：指鹰爪。

⑤ 膞：膀。

⑥ 其打法……必不能及也：它的打法必须两手往上钻，因为若不这样，在与鹰打斗时，一定会够不着。缘，因为。

⑦ 左手撤回肋下，右手上钻及鼻：由左劈拳式（即左三体式），左手撤回肋下，右手从左手上向前上方钻出到鼻尖前。（第一图）

⑧ 左拳从右拳上钻过……与左手相顾：再身右拧，左拳从右拳上钻出，变成阴掌，向右前下打出；右手放掌撤回肋下。同时右脚向右前方进步，与左手相照应（第二图）。阴掌，掌心向下为“阴掌”。

⑨ 拗步斜身，连接不断：以下再右脚向右前（或前）垫步，左手上钻；左脚向左前进步，右手打出。如此连接不断。拗步，异侧手脚在前为“拗步”。斜身，身半面向前、半面向左（或右）为“斜身”。

⑩ 目神上注：眼神向上注视。

⑪ 目神下注：眼神向下注视。

第三节　进退连环拳

劈拳开势[①]。

注 释

① 劈拳开势：也叫劈拳起势。

第一式[1]

右手左足前进打出，同时左手撤至胁下，作崩拳式。（按：第一图）

第一图

注 释

① 第一式：此式为进步（右）崩拳。

第二式[1]

先撤右足落横[2]。左手作崩拳式打出[3]，同时右手撤回至胁下，左足亦撤回至右足后，作龙形式。（按：第二图）

第二图

注 释

① 第二式：此式为退步（左）崩拳。

② 落横：外横着落地。

③ 左手作崩拳式打出：再左手作崩拳式打出。

第三式[1]

右手右足前进打出，作右腿崩拳式。（按：第三图）

第三图

注 释

① 第三式：此式为顺步（右）崩拳。

第四式[1]

先撤左足，两手上钻，两背分开。双手

落脐间，同时右足撤至左足前，作骀形式。[②]（第四图）。

第四图

注　释

①第四式：此式为白鹤亮翅（即骀形）。

②先撤左足……作骀形式：先两手在胸前搭成十字（右前左后）上钻至头部前上方。再左脚向后撤半步（略偏向左），同时后背左右展开，两手臂用力分开。再右脚跟撤半步到左脚前，同时两手各划半圆，向中合劲落至肚脐处成骀形式。（第四图）

第五图

第五式[①]

右手向上钻挑，高出眉额，作半圆形；同时，左手右足前进打出，作炮拳式。（按：第五图）

注　释

①第五式：此式为进步炮拳。

第六图

第六式[①]

左手撤至脐间。不停，打出；同时，右手、右足退回，作退步劈拳式。[②]（按：第六图）

注　释

①第六式：此式为退步（左）劈拳。

② 左手撤至脐间……作退步劈拳式：先右手臂外旋掩裹至鼻前，同时左手外旋撤回肚脐处，两拳拳心均向上。紧接不停，右脚后退到左脚后，同时右手拉回，左手打出左劈拳。（第六图）

第七式[①]

左手、左足同时撤回。不停，前进打出，作鮀形式。[②]（第七图）

注　释

① 第七式：此式为进步（左）鮀形。

② 左手、左足同时撤回……作鮀形式：由上式（左劈拳式），左手、左脚同时撤回。左手变八字掌撤至肚脐处，手心朝上（右手同时变八字掌）；左脚撤至右脚处悬靠。紧接不停，再左手、左脚向左前方前进，打出左鮀形式。（第七图）

第七图

第八式[①]

右手打出，左手撤回，同时，左足前进一步，作横拳式。[②]（第八图）

注　释

① 第八式：此式为冲步横拳。

② 右手打出，左手撤回，同时，左足前进一步，作横拳式：由上式左鮀形式，左脚直接向左前方进一步，右脚跟进半步，左拧身，打出右手横拳。（第八图）

第八图

第九式[①]

左手、右足前进打出，同时右手撤回，作龙形式。[②]（第九图）

第九图

注　释

① 第九式：此式也叫“狸猫上树”。

② 左手、右足前进……作龙形式：由前式右横拳式，先右拳收回钻出、右脚提蹬，再右脚前进踩落（脚外横）、左手从右手上劈出、右手变掌拉回右肋下成龙形式。（第九图）

第十式[①]

右手、左足前进打出，左手撤回，作崩拳式。

第十图，如第一图。

注　释

① 第十式：此式为进步（右）崩拳。

十二形练法、用法既[①]如上所述矣，至[②]顾法、打法，则每拳无不俱备[③]。如龙形，起为顾法，伏为打法；虎形，钻为顾法，落为打法；猴形，退为顾法，进为打法；马形，前手为顾法，后手为打法；鮀形，起为顾，落为打；鸡形，左手顾，右手打；燕形，展臂伏身为顾，抓备[④]为打；鹞形，左顾右打，右顾左打；蛇形，手顾肩打；鲐形，臂顾胯打；熊形为顾法，鹰形为打法。虽其练法有定，而用法则无定。[⑤]故善用者，往往以顾作打；或打法甚精，即无须乎顾。[⑥]苟能探其本，以求之变化，岂有穷哉？[⑦]

十二形行功法及用法之外，尚有用力法。[⑧]惟此法非仅十二形有之，在五拳尤为重要。[9]盖练形意武术者，能否得有功效，全在此也。其法为何？即练拳作势时，须将全身之力均注于[10]上、下、前、后、内、外六方[11]，不可偏于一处。务[12]使周身之力，团聚如球，方得[13]稳固不拔[14]，顾打兼全[15]。兹就一身言之：其用力法，须头顶下压、谷道上提，两膀外撑、两腿内夹。[16]次就两膊言之：背向前推，则手心后缩；肘向里，则膀向外；肩向下，则腋向上。[17]次就一脚言之：脚心上提，后跟下蹬；趾向后，踵向前，四周向里。[18]其他各处及骨节等，凡动作时，无不向六方用力者[19]。即在脏腑亦然：五脏向外鼓撑，而筋骨向内收缩，是亦不外六方用力之说也。[20]

注释

①既：已经。

②至：至于。

③俱备：全都具备。俱，全，都。

④抓备：当为抓裆。

⑤虽其练法有定，而用法则无定：虽然它们都有一定的练法，但是用法没有一定。

⑥故善用者……即无须乎顾：因此善于运用的人，往往将顾法作为打法用；或者打法很精妙，就没必要顾了。

按：即将打法作为顾法用。

⑦苟能探其本……岂有穷哉：只要能够积极探寻它的根本规律，追求用法的变化，哪有穷尽呢？苟，只要。岂，哪里。

⑧十二形行功法及用法之外，尚有用力法：十二形在练法及用法之外，还有用力法。

⑨惟此法非仅十二形有之，在五拳尤为重要：只不过这种方法不仅仅在十二形里面有，在五行拳中尤为重要。

⑩ 均注于：平均贯注于。

⑪ 六方：六个方向。

⑫ 务：务必；务要。

⑬ 方得：才能。

⑭ 不拔：不摇动。拔，摇动。

⑮ 兼全：兼有。

⑯ 兹就一身言之……两腿内夹：现在先就一身来说：它的用力法，须要头顶往下压、谷道往上提，两膀往外撑、两腿往里夹。兹，现在。

⑰ 次就两膊言之……则腋向上：其次就两臂来说：后背向前推挤时，则手心向后缩；肘向里合时，则膀向外撑；肩向下沉时，则腋向上提。

⑱ 次就一脚言之……四周向里：再次就一只脚来说：脚心往上提，则脚跟往下蹬；脚趾向后收，则脚跟向前跐，四周向里集中。

⑲ 无不向六方用力者：没有不是向六个方向同时用力的。

⑳ 即在脏腑亦然……六方用力之说也：即使对于脏腑来说也是这样：五脏向外鼓撑，而筋骨向内收缩，这也没有背离六方用力的理论。是，这。

第二章 剑论

剑法种类，略与拳同[①]。盖拳法所能者，剑法亦皆能之。[②]故剑法亦有五行剑、十二形剑之分。至其用法，则不外十种，即劈、砍、刺、撩、剪、挂、划、裹、拨、圈是也。以下将五行剑、十二形剑分别言之。

副口令：

立正，势如第一图。无论何种剑术，均以此为第一步。[③]

开势，如第二、第三图。无论何种剑术，均以此为第二步。[④]

第一图

第二图

第三图

注 释

① 略与拳同：大致与拳法相同。

② 盖拳法所能者，剑法亦皆能之：因为拳法能做到的，剑法也都能做到。盖，连词，表示原因。

③ 立正……以此为第一步：这一步的具体做法为：右手持剑、左手握拳立正。两臂自然下垂于体侧，两手虎口向前。剑尖向前，要平，不可偏斜（见后面“劈剑”原文）。

④ 开势……以此为第二步：这一步的做法为：由上述立正势，两手上钻至与口相平。左手握在右手下（即后），双手捧剑。再左足前进，两手同时劈出，与左足齐落。剑尖朝前上斜，与胸平（见后面“劈剑”原文）。

第一节 五行剑

一、劈剑

劈剑开势时，右手持剑、左手握拳立正。两膊下垂，两手虎口向前；剑尖向前，要平，不可偏斜；然后两手上钻与口平；左手在右手下，双手捧剑；左足前进，两手同时劈出，与左足齐落；剑尖上斜，与胸平（按：第一图）。随即，两手上钻，右手心向外、左手心向里，剑尖向下，左裹；左足寸步。右足前进，双手劈出[1]（按：第二图）。次又右足寸步，剑向右裹；左足进步，双手劈出[2]。如此左右循环不断，各处用力，均与拳同。

第一图

第二图

注　释

①随即……双手劈出：由劈剑起势（第一图），左脚垫进半步，同时两手上钻并向前顺时针翻腕，右小臂内旋、左小臂外旋，右手心扭向外（即右）、左手心扭向里（即左），使剑尖顺时针画圆，依次向前、向下、向左后运动，剑身从右前向左后裹护自身。随即右脚大进一步到左脚前，双手将剑劈出。（第二图）

②次又右足寸步……双手劈出：以下再右脚垫步，同时两手上钻并向前顺时针翻腕，左小臂内旋、右小臂外旋，右手心扭向外（即右）、左手心扭向里（即左），使剑尖顺时针画圆，依次向前、向下、向右后运动，剑身从左前向右后裹护自身。随即左脚大进一步到右脚前，双手将剑劈出。

二、崩剑

开势与劈剑同。

双手撤回脐间，剑尖朝上；随即左足前进，右足紧跟；两手持剑，向前平刺[1]（按：第一图）。然后，左足再进一步，右足随之；剑向下劈[2]（按：第二图）。如是连接不断，用力处亦与拳同。

第一图

第二图

注 释

①双手撤回脐间……向前平刺：由劈剑起势，先双手撤回肚脐处，坐腕，将剑上挑至剑尖朝上。再左脚进步，右脚紧跟在左脚后；两手挺腕前送，将剑立刃向前平刺。（第一图）

②然后……剑向下劈：然后，左脚再进一步，右足跟进半步；双手将剑先举起（举至手与口相平），再劈出并后拉至双手回到肚脐处。（第二图）

三、钻剑

劈剑开势。两手撤至右肋下，剑尖下斜右划[1]（按：第一图）。左足寸步，右足进步，左足随之；剑尖上斜右撩[2]（按：第二图）。次将两手撤至左肋下，剑尖下斜左划[3]。右足寸步，左足进步，右足亦随之；剑尖上斜左撩[4]。如是左右连接不已，其用力处亦与拳同。

注 释

①两手撤至右肋下，剑尖下斜右划：由劈剑起势，先两手拉回右肋下并向前下翻按，使剑刃向右后下划过，至剑尖向前下下垂。

第一图

第二图

② 左足寸步……上斜右撩：接着，左脚垫步，右脚大进一步到左脚前，再左脚跟进半步。与右脚进步同时，将剑向右前上撩出，至剑尖朝右前上为止。

按：左脚垫步，当与剑往回划同步。

③ 次将两手撤至左肋下，剑尖下斜左划：再两手拉回左肋下并向前下翻按，使剑刃向左后下划过，至剑尖向前下下垂。

④ 右足寸步……上斜左撩：接着，右脚垫步，左脚大进一步到右脚前，再右脚跟进半步。与左脚进步同时，将剑向左前上撩出，至剑尖朝左前上为止。

四、炮剑

劈剑开势。右足疾步，左足提起，与右胫骨平；同时，双手撤回肋下，剑向右拨[①]（按：第一图）。随即，剑向左撩；左足进步，右足随之。剑尖要平。左手向上作半圆形，与顶平[②]（按：第二图）。然后，左足寸步，剑向左拨，两手至左肋下，左手附右手腕上。[③]右足进步，左足随之。剑往右撩，左手仍附右手腕子上[④]（按：第三图）。用力处亦同炮拳。

第一图

第二图

第三图

注 释

① 右足疾步……剑向右拨：由劈剑起势，前左脚先急进一步，再后右脚紧跟、并向前左脚的前面大进一步，后右脚一踏定，前左脚立即跟上提起，左脚底与右小腿里侧踝关节相平并紧靠。与右脚进步同时，身右拧，双手拉回右肋处，将剑向右后拨去。（第一图）

按：这一动右拨时，剑尖略高于剑把，以后讲到“拨”同此。

② 随即……与顶平：随即，再左脚向左前方进步，右脚随之跟进半步。与左脚进步同时，身左拧，右手一边外旋小臂、一边将剑向左前上撩出（下刃朝上），剑尖略高于剑把；左手同时成剑指经身前向左后上划弧至头左侧，臂成半圆形，手与头顶相平。（第二图）

③ 然后……附右手腕上：然后，左脚向左前方垫步，右脚跟提，剑向左后拨去，两手至左肋下，左手成剑指附在右手腕上。

④ 右足进步……附右手腕子上：再右脚向右前方进步，左脚随着跟进半步。与右脚进步同时，身右拧，右手一边内旋小臂成反手、一边将剑往右前上撩出（下刃朝上），左手仍成剑指附在右手腕上。（第三图）

五、横剑

劈剑开势。左足撤至右足前，左拨；左足前进，右足随之；

剑向左砍[①]（按：第一图）。次即左足寸步，右拨。右足进步，剑向右砍，但左手须附右手腕上[②]（按：第二图）。如是者[③]，左右连接不断。

第一图

第二图

注　释

① 左足撤……剑向左砍：由劈剑起势，先左脚撤至右脚前，剑向左拨。再左脚向左前方进步，右脚随之跟进半步；将剑向左横砍。（第一图）

按：此式第一动，剑向左拨后，剑身当在头顶按俯视逆时针挥动一圈至右肩前，然后才能向左砍。

② 次即左足寸步……附右手腕上：然后左脚向左前垫步，剑向右拨（并顺势将剑身在头顶按俯视顺时针挥动一圈至左肩前）。再右脚向右前进步，左脚随之跟进半步，将剑向右横砍。左手附在右手腕上。（第二图）

③ 如是者：像这样。

第二节　十二形剑

一、龙形剑

劈剑开势。两手捧剑左圈，左足提起[①]（按：第一图）。双手刺出，左足同时前进横落，身向左斜[②]（第二图）。剑向右圈，左足寸步。[3] 两手刺出，右足前进横落，身向右斜。[4] 如此左右连接不断。

第一图

第二图

注 释

① 两手捧剑左圈，左足提起：由劈剑起势，先两手捧剑逆时针向左圈剑，再左脚提起外横着前蹬（第一图）。左圈，向左圈剑，通过以腰带动拧腕，使剑尖在身前走一个逆时针（练者看来）小圈，但要保持剑把在胸腹处基本不离位，这样，剑身走一个圆锥面。

② 双手刺出……身向左斜：再双手将剑刺出，左脚同时进步，外横踩落，身向左扭。（第二图）

③ 剑向右圈，左足寸步：然后左脚向前垫步，同时两手捧剑顺时针向右圈剑。

④ 两手刺出……身向右斜：再双手将剑刺出，同时右脚提蹬进步，外横踩落，身向右扭。

二、虎形剑

劈剑开势。两手捧剑向左圈，左足寸步、右足进一疾步立定，左足提起与右胫骨平[1]（按：第一图）。左足进步，双手刺出[2]（按：第二图）。然后，左足寸步，剑向右圈。[3] 右足前进，双手刺出。[4]

如是左右连接不断。

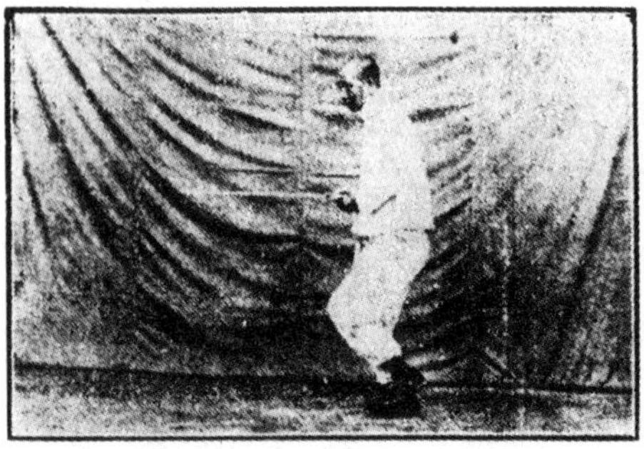

第一图

第二图

注 释

① 两手捧剑……与右胫骨平：由劈剑起势，前左脚先急进一步，再后右脚紧跟、并向前左脚的前面大进一步，后右脚一踏定，前左脚立即跟上提起，左脚底与右小腿里侧踝关节相平并紧靠。与右脚进步同时，两手捧剑逆时针向左圈剑。（第一图）

② 左足进步，双手刺出：紧接着，左脚向左前方大进一步，右脚跟进半步，双手推剑向左前方刺出。（第二图）

③ 然后……剑向右圈：然后，左脚向左前方垫步，右脚跟提，同时将剑顺时针向右圈。

④ 右足前进，双手刺出：紧接着，右脚向右前方大进一步，左脚跟进半步，双手推剑向右前方刺出。

三、猴形剑

劈剑开势。两手上钻，剑向左裹。左足作外行寸步，右足内行进步①（按：第一图）。如此转身后，两手将剑劈出，左足同时撤步②（按：第二图）。剑向右裹，劈出，右足撤步③（第三图）。左足寸步，右足疾进立定，左足提起，剑向左拨④（按：第四图）。

左足进步，同时右剪[5]（按：第五图，如第三图）。然后，两手上钻，剑向右裹。右足外行寸步，左足内行进步。[6]转身后，两手将剑劈出，右足撤步。[7]剑向左裹、劈出，左足撤步。右足寸步，左足疾进立定，右足提起，剑向右拨。右足进步，同时左剪。如此左右连接不断。

第一图

第二图

第三图

第四图

注 释

①两手上钻……内行进步：由劈剑起势（假设此时面朝西，见原书影印五十页第三图），左脚外摆垫进少半步，身半左后转；同时两手上钻并向前顺时针翻腕，使剑尖顺时针画圆，依次向前、向下、向左后运动，剑身从右前向左后裹护自身。紧接着，右脚里扣进步到左脚前（即西），身再左后转。此时面朝东，左脚在前（即东）。（第一图）

② 如此转身……同时撤步：像这样转身后（此时面朝东），两手将剑劈出，同时左脚撤到右脚后（即西）。（第二图）

按：此式为左后转身退步劈剑。

③ 剑向右裹……右足撤步：然后，两手上钻并向前顺时针翻腕，使剑尖顺时针画圆，依次向前、向下、向右后运动，剑身从左前向右后裹护自身。随即右脚撤到左脚后，同时双手将剑劈出。

按：此式为退步劈剑。（第三图）

④ 左足寸步……剑向左拨：然后，前左脚先急进一步，再后右脚紧跟、并向前左脚的前面大进一步，右脚一踏定，左脚立即跟上提起，左脚底与右小腿里侧踝关节相平并紧靠。与右脚进步同时，两手将剑向左肩外挑拨。（第四图）

⑤ 左足进步，同时右剪：再左脚进步，右脚跟进半步。与左脚进步同时，双手将剑向前下（偏右）剪腕（第五图，形同第三图）。

按：此式为疾步剪腕。

⑥ 然后……左足内行进步：参看注释 ①，惟左右相反，此时又转到面朝西。

⑦ 转身后……右足撤步：参看注释 ②，惟左右相反。

按：此式为右后转身退步劈剑。以下各动分别参看注释 ③～⑤，都是左右相反的关系。

四、马形剑

劈剑开势。左足寸步，两手捧剑向前刺。① 右足疾进立定，两手撤回，左足提起，与右胫骨平 ②（按：第一图）。两手捧剑刺出，左足同时前进 ③（按：第二图）。然后，两手上钻，剑向左裹，左足寸步。右足前进，劈出。④

右足寸步，剑向前刺。左足疾进立定，两手撤回，右足提起与左胫骨平。两手捧剑刺出，右足同时前进。[5]如此左右连接不断。

第一图

第二图

注释

①左足寸步，两手捧剑向前刺：由劈剑起势，左脚垫进一步，同时，两手捧剑向前立刃刺出。

②右足疾进立定……与右胫骨平：上动不停，再右脚疾进一大步到左脚前，左脚跟提。与右脚疾进同时，两手将剑拉回。（第一图）

③两手捧剑刺出，左足同时前进：再左脚大进一步，右脚跟进半步，两手捧剑立刃刺出。（第二图）

④然后……劈出：然后，左脚垫进半步，同时两手上钻并向前顺时针翻腕，右小臂内旋、左小臂外旋，右手心扭向外（即右）、左手心扭向里（即左），使剑尖顺时针画圆，依次向前、向下、向左后运动，剑身从右前向左后裹护自身。随即右脚大进一步到左脚前，双手将剑劈出。

⑤右足寸步……右足同时前进：参看注释①～③，惟左右相反。

五、鮀形剑

劈剑开势，两手捧剑。左足左进，右足随之提起，与左胫骨平；两手捧剑左圈，与顶平[1]（按：第一图）。然后，右足右进，左足随之提起，与右胫骨平；两手捧剑右圈[②]（按：第二图）。如此左右连接不断。

第一图

第二图

注 释

①左足左进……与项平：由劈剑起势，左脚向左前方进步，右脚跟提。与左脚进步同时，两手捧剑逆时针向左圈剑至剑尖与头顶相平。（第一图）

②然后……两手捧剑右圈：然后，右脚向右前方进步，左脚跟提。与右脚进步同时，两手捧剑顺时针向右圈剑至剑尖与头顶相平。（第二图）

六、鸡形剑

劈剑开势。左足寸步，两手捧剑前刺。[①]随即撤回右划，剑尖至右足前止；右足前进，左足提起[②]（按：第一图）。两手上撩，左足同时前进，与剑相顾[③]（按：第二图）。次又两手上钻，剑向左裹，左足寸步。右足前进，两手劈出。[④]然后，右足寸步，两手前刺。随即撤回左划，剑尖至左足前止；左足前进，右足提起。两手上撩，右足亦同时前进，与剑相顾。次即两手上钻，剑向右裹，右足寸步。左足前进，两手劈出如原状。[⑤]

第一图

第二图

注 释

① 左足寸步，两手捧剑前刺：由劈剑起势，左脚垫进一步，同时，两手捧剑向前立刃刺出。

② 随即撤回……左足提起：上动不停，再右脚疾进一大步到左脚前独立，左膝跟提。与右脚疾进同时，两手将剑往后划回（略偏右），剑尖垂至右脚前方。（第一图）

③ 两手上撩……与剑相顾：紧接着，左脚向前进落，右脚跟进半步，两手将剑向前上撩出，左脚与手要上下相照应。（第二图）

④ 次又两手上钻……两手劈出：然后，左脚垫进半步，同时两手上钻并向前顺时针翻腕，使剑尖顺时针画圆，依次向前、向下、向左后运动，剑身从右前向左后裹护自身。随即右脚大进一步到左脚前，双手将剑劈出。

⑤ 然后……两手劈出如原状：参看注释①～④，惟左右相反。如原状，如劈剑开势一样（按：即左脚在前的劈剑式）。

七、燕形剑

劈剑开势。左足提起，即时落下。左手里裹，顺腿下插。右手持剑向右圈撤回。[①] 右足进一疾步立定，左足提起与右胫骨平；剑往上撩，左手附于右腕上[②]（按：第一图）。次则左足进步，剑向右挂，劈出，与左足相顾[③]（按：第二图）。如是连接不断[④]。

第一图

第二图

注 释

① 左足提起……向右圈撤回：由劈剑起势，前左脚撤提，同时左手离剑、左小臂外旋里裹（按：即掩手）。再右腿下蹲，腰身右拧，身下伏，左腿贴地前伸；同时左手反手顺着左腿外侧向前下插去，右手持剑顺时针向右圈剑并拉回至头的右上方。

② 右足进……附于右腕上：然后重心前移至左腿，左腿一蹬，右脚疾进一大步到左脚前独立，左脚跟提。与右脚疾进同时，右手将剑往前上撩出，左手附于右手腕上。（第一图）

③ 次则左足……左足相顾：接着，将剑向右后一挂，再随着左脚进步，向前下劈出，与左足进步相照应（第二图）。右挂，略同于劈剑“右裹”，惟手不上举，见劈剑注释②。

④ 如是连接不断：以下再重复上述各个动作。

八、鹞形剑

劈剑开势。左足寸步，剑向前刺。[①] 右足进一疾步立定，左足提起与右胫骨平。两手捧剑，左挂垂下[②]（按：第一图）。左足进步，剑向左撩[③]（按：第二图）。如此循环不已。[④]

第一图

第二图

注 释

① 左足寸步，剑向前刺：由劈剑起势，左脚垫进一步，同时，两手捧剑向前立刃刺出。

② 右足进……左挂垂下：上动不停，再右脚疾进一大步到左脚前独立，左脚跟提。与右脚疾进同时，右手小臂内旋、反手将剑往后回挂（略偏左），剑尖下垂，左手反手置于右手下。（第一图）

③ 左足进步，剑向左撩：再左脚进步，剑向前上（偏左）撩出（下刃朝上）。（第二图）

④ 如此循环不已：然后右脚垫进到左脚前，两手将剑撤回前刺……

九、蛇形剑

劈剑开势，两手捧剑。左足寸步，右足随之提起，与左胫骨平，剑向左划[①]（按：第一图）。随即右足进步，剑向右撩[②]（按：第二图）。然后，右足寸步，左足随之提起，与右胫骨平，剑向右划。[③]随即左足进步，剑向左撩。如是左右连接不断。

注 释

① 左足寸步……剑向左划：由劈剑起势，左脚向左前方垫步，右脚跟

第一图

第二图

提。与左脚垫进同时，身左拧，右手将剑向身左侧划回（剑尖下垂），左手离剑上插到右肩处。（第一图）

②随即右足进步，剑向右撩：紧接着，右脚向右前方进步，右手将剑向右前上撩出，左手拉回左胯处。（第二图）

③然后……剑向右划：然后右脚向右前方垫步，左脚跟提，同时将剑向身右侧划回（剑尖下垂）。

按：此动疑当先换成左手持剑。

十、骀形剑

劈剑开势，两手捧剑。左足左进，剑向左圈[①]（按：第一图）。两手劈出[②]（按：第二图）。次又右足右进，剑向右圈。[③]两

第一图

第二图

手劈出。[4] 如是左右连接不断。

注 释

① 左足左进，剑向左圈：由劈剑起势，左脚向左前方垫步，同时，逆时针向左圈剑。（第一图）

② 两手劈出：再右脚经左脚里侧向右前方大进一步，同时，两手将剑向右前下劈出。（第二图）

③ 次又右足右进，剑向右圈：然后，右脚向右前方垫步，同时，顺时针向右圈剑。

④ 两手劈出：再左脚经右脚里侧向左前方大进一步，同时，两手将剑向左前下劈出。

十一、鹰形、熊形剑

劈剑开势，两手捧剑上钻；左足前进，劈出。次又左足寸步，两手捧剑上钻[1]（按：第一图）。右足前进，劈出[2]（按：第二图）。如是左右连接不断。

第一图

第二图

注 释

① 次又左足寸步，两手捧剑上钻：由劈剑起势，两手捧剑，右小臂外

旋，将剑下刃朝上钻托，同时左脚向前垫步。（第一图）

② 右足前进，劈出：再右脚经左脚里侧向前（偏右）大进一步，同时，右小臂内旋，两手将剑向前下（偏右）劈出。（第二图）

第三节　进退连环剑

劈剑开势。

第一势[①]

左足寸步，向前平刺，作崩剑势。[②]（按：第一图）

第一图

注　释

① 第一势：此式为进步崩剑。

② 左足寸步……作崩剑势：左脚进步，右脚跟进到左脚后，两手将剑向前立刃平刺，作崩剑势。（第一图）

第二势[①]

右足退步，剑右划。左足亦退，剑前刺。[②]（按：第二图）

第二图

注　释

① 第二势：此式为退步反崩剑。

② 右足退步……剑前刺：由进步崩剑式，先右脚退步，身右拧，右小

臂内旋、右手反手拉回到头右上，将剑向右后划。再左脚退到右脚后，同时，身左拧，右手反手将剑向前刺出，左手附于右手腕。（第二图）

第三势[①]

左足进步，左挂。右足进步，前劈。[②]（按：第三图）

第三图

注 释

① 第三势：此式为右进一步劈剑。

② 左足进步……前劈：由上式，先左脚向右脚前垫步，同时将剑左挂。再右脚向左脚前大进一步，同时右手将剑向前下劈出；左手小臂内旋，反手上举于头的左上。（第三图）

按：此式为右进步劈剑，“左挂”即“左裹”。

第四势[①]

左足退步，剑左挂。右足亦退，剑向下劈。[②]（按：第四图）

第四图

注 释

① 第四势：此式为退步劈剑。

② 左足退步……剑向下劈：由上式，先左脚退垫半步，剑仍左挂（即“左裹”）。再右脚大退一步到左脚后，同时将剑劈出，双手持剑。（第四图）

第五势[①]

左足进步，剑左拨。右足进步，剑向右撩。[②]（按：第五图）

注　释

①第五势：此式为右炮剑。

②左足进步……剑向右撩：由上式，先左脚垫进到右脚前，将剑向左拨（参看炮剑第一图，惟左右相反）。再右脚大进一步到左脚的右前，将剑向右前上反手撩出。（第五图）

第五图

第六势[①]

左足进步，右足随之，剑左圈左砍。[②]（第六图）

第六图

注　释

①第六势：此式为进步横剑。

②左足进步……剑左圈左砍：由上式，将剑左圈一圈。再左脚进步，右脚跟提，同时剑向左砍。（第六图）

第七势[①]

右足退步，左足随之，剑右圈右砍。[②]（按：第七图）

第七图

注　释

①第七势：此式为退步横剑。

②右足退步……剑右圈右砍：再将剑右圈一圈；右脚退步，左脚跟提，同时剑向右砍。（第七图）

第八势[①]

左足进步，剑向上撩。[②]

（按：第八图）

第八图

注　释

① 第八势：此式为进步左炮剑。

② 左足进步，剑向上撩：由上式，左脚直接进步，右手小臂外旋，反手将剑向前上（偏左）撩出。（第八图）

第九势[①]

左足寸步，右划。右足进步，剑向前刺。[②]

第九图，见第二图。

注　释

① 第九势：此式为进步反刺。

② 第九势 左足寸步，右划。右足进步，剑向前刺。（第九图，即第二图）

第十势[①]

左足寸步，剑向前刺，作崩剑势。[②]

第十图，见第一图。

注　释

① 第十势：此式为进步崩剑。

② 左足寸步……作崩剑势：再左脚进步到右脚前，两手将剑先收回，再立刃向前刺出。（第十图，即第一图）

形意武术与别派不同，一切器械皆以拳为母。尖者，则枪法作用；刃者，则剑法作用。[1] 故以上五行剑、十二形剑，练法均与拳相同。其中有击法、顾法，且每一动作时，皆互为击顾[2]。如劈、砍、刺、撩、剪为击法，则挂、划、裹、拨、圈为顾法。[3] 故虽曰劈、曰砍，而动作时，均含有其余九字之性质。是击中有顾，顾中有击也。

注 释

①尖者……则剑法作用：带尖的，则发挥枪法的作用；带刃的，则发挥剑法的作用。

②且每一动作时，皆互为击顾：而且每一个动作，都包含击法和顾法。

③如劈、砍……圈为顾法：假如将劈、砍、刺、撩、剪作为击法，则挂、划、裹、拨、圈就是顾法。

按：劈剑中裹为顾法、劈为击法；崩剑中劈为顾法、刺为击法；钻剑中划为顾法、（正手）撩为击法；炮剑中拨为顾法、（反手）撩为击法；横剑中拨为顾法、砍为击法。龙形剑、虎形剑中圈为顾法、刺为击法；猴形剑中裹、拨为顾法，劈、剪为击法；燕形剑、鹞形剑中挂为顾法，劈、撩为击法。

第三章 枪论

枪法之类别亦与拳同，有五行枪、十二形枪之分。其用法，则可分为圈、拿、撑、拦、挂、劈、砸、擢、挑、扎等十法，不过变换应用，各成一势而已。以下将五行枪、十二形枪逐次述之。

副口令：

立正，势如第一图①，无论何种枪术，均以此为第一步。

开势，势如第二、第三图②，无论何种枪术，均以此为第二步。

第一图

第二图

第三图

注 释

① 势如第一图：即立正持枪，右手握枪杆中上部，将枪立于身右。

② 势如第二、第三图：由立正持枪式，右脚撤退一步，同时右手在原位、左手握枪中下部，将枪向前伸出（第二图）；然后左手不离位、右手撤握枪根，同时身往下坐，成三体式桩步。

第一节 五行枪

一、劈枪

右手持枪，立正开势。半面向右，右足撤步，如劈拳势。[①] 两手持枪右拦，左足寸步。右足前进，枪向前劈[②]（按：第一图）。右足寸步，枪向左拦。左足进步，枪向前劈[③]（按：第二图）。左右两足，均如劈拳势，进步亦同。如是左右连接不断。

第一图

第二图

注 释

① 右手持枪……如劈拳势：见上页预备式注释 ①、②。半面向右，即半面向前、半面向右。

② 两手持枪……枪向前劈：由劈枪开势，左脚垫步，右脚跟提，同时

两手将枪向右拦。再右脚大进一步到左脚前，同时两手将枪向前下劈出，力达枪头（第一图）。右拦，这是右上拦，左手外旋上提、右手原地内旋，两手合力将枪的前部向前上偏右拧提（枪根仍在右肋处），将对方向我上部来的器械拦在身右。

③ 右足寸步……枪向前劈：然后右脚垫进，左脚跟提，同时两手将枪向左拦。再左脚大进一步到右脚前，同时两手将枪向前下劈出，力达枪头（第二图）。左拦，这是左上拦，仍为左手外旋上提、右手原地内旋，两手合力将枪的前部向前上偏左拧提（枪根仍在右肋处），将对方向我上部来的器械拦在身左。

二、崩枪

劈枪开势。左足进步，右足随之，枪向前扎与肩平[①]（按：第一图）。枪向下砸，左足进步，右足亦随之[②]（按：第二图）。如是连接不断。

第一图

注 释

① 左足进步……与肩平：由劈枪开势，左脚进步，右脚随之跟进到左脚后。与左脚进步同时，以右手之力将枪向前扎出，高与肩平，左手滑把至与右手相靠。（第一图）

② 枪向下砸……亦随之：然后左脚进步，右足跟进半步，成三体式桩步。与左脚进步同时，两手将枪向下砸。（第二图，即劈枪第二图）

三、钻枪

劈枪开势。枪向右拦，左足寸步[①]（按：第一图）。右足进步，前扎[②]（按：第二图）。然后，枪向左拦，右足寸步。[③]左足进步，前扎。[④]如是连接不断。

第一图

第二图

注　释

①枪向右拦，左足寸步：由劈枪开势，左脚垫步，同时两手将枪向右拦（第一图）。右拦，这是右下拦，左手外旋下压、右手内旋上提，两手合力将枪的前部向前下偏右拧压拨打，枪根提到右肩下，将对方向我下部来的器械拦在身右。

②右足进步，前扎：再右脚大进一步到左脚前，同时两手将枪向前上扎出，力达枪尖。（第二图）

③然后……右足寸步：然后右脚垫进，同时两手将枪向左拦。左拦，这是左下拦，还是左手外旋下压、右手内旋上提，两手合力将枪的前部向前下偏左拧压拨打，枪根提到右肩下，将对方向我下部来的器械拦在身左。

④左足进步，前扎：再左脚大进一步到右脚前，同时两手将枪向前上扎出，力达枪尖。

四、炮枪

劈枪开势。左足寸步，右足向左横步，枪向左拦。① 左足进步，正拿劈出 ②（按：第一图）。左手向上，左拨，左足寸步。③ 右足前进，右手向上、左手向前，枪向前擢，如炮拳状 ④（按：第二图）。如是连接不断。

第一图

第二图

注 释

① 左足寸步……向左拦：由劈枪开势，先左脚微垫进，再右脚向左脚的左后方横向跟进一步。与右脚跟进同时，左手外旋下压、右手内旋上提，两手合力将枪的前部向前下偏左拧压拨打，枪根提到右肩下。左拦，这是指左下拦。

② 左足进步，正拿劈出：上动不停，再左脚进一步，同时紧接上面左拦之势，两手将枪顺时针正拿劈出（第一图）。正拿，顺时针圈拿为“正拿”。

③ 左手向上，左拨，左足寸步：然后左脚垫步，同时腰身左拧，左手外旋至手心向上、右手内旋至手心向下，将枪向左拨，枪尖从右前上到左后下沿上弧运动。

④ 右足前进……如炮拳状：上动不停，再右足向右前方大进一步，同时右手继续内旋上举、左手继续外旋前推，将枪向右前上擢挑而出，枪尖从左后下向右前上沿下弧运动，就像炮拳似的。（第二图）

五、横枪

劈枪开势。左足寸步，右足向左横步，枪向左拨[①]（按：第一图）。左足进步，枪向右横[②]（按：第二图）。如是连接不断。后转时，枪把前撑，枪尖向下劈，仍作劈枪势。[③]

第一图

第二图

注 释

① 左足寸步……枪向左拨：由劈枪开势，先左脚微垫进，再右脚向左脚的左后方横向跟进一步。与右脚跟进同时，左手外旋、右手内旋，两手合力将枪的前部向左拨。（第一图）

② 左足进步，枪向右横：再左脚进步，两手合力并借助于腰力将枪尖向右横击。（第二图）

③ 后转时……仍作劈枪势：向后转身时，先随着转身，两手将枪把向（转身后的）前上撑举，再将枪尖劈下，仍成劈枪势。

第二节　十二形枪

一、龙形枪

劈枪开势。向左圈枪，左足提起[①]（按：第一图）。叠手正拿，同时左足落下要横[②]（按：第二图）。

左足寸步，向右圈枪，右足提起。[③]反拿劈出，同时右足落下要横[④]（按：第三图）。如是左右连接不断。

第一图

第二图

第三图

注　释

①向左圈枪，左足提起：由劈枪开势，逆时针向左圈枪，同时左脚提起。（第一图）

②叠手正拿，同时左足落下要横：再叠手正拿劈下，同时左脚外横踩落（第二图）。叠手正拿，即左拧身，右手外旋、向左腋下拧推，左手内旋、向右肩下拧推，使两手臂相叠，枪尖顺时针绕圈、枪身前部拿压对方器械。

③左足寸步……右足提起：然后左脚垫步，同时顺时针向右圈枪，右脚提起。

④反拿劈出，同时右足落下要横：再将枪逆时针反拿劈出，同时右脚外横踩落。（第三图）

按：此势势成时左手心朝上，右手心朝下。

二、虎形枪

劈枪开势。左足寸步，右足疾进立定，左足提起，同时向左圈枪[①]（按：第一图）。左足进步，枪向前扎[②]（按：第二图）。左足寸步，向右圈枪。[③]右足进步，枪向前扎。[④]如是左右连接不断。

第一图

第二图

注 释

① 左足寸步……向左圈枪：由劈枪开势，先左脚急进一步，再右脚大进一步到左脚前，左脚跟提。与右脚大进同时，两手在腰的带动下拧拉，使枪逆时针向左圈拿并回撤蓄势。（第一图）

② 左足进步，枪向前扎：然后左脚向左前方大进一步，右脚跟进半步，两手推杆，将枪向左前方扎出。（第二图）

③ 左足寸步，向右圈枪：再左脚向左前方垫步，右脚跟提，同时将枪顺时针向右圈拿。

④ 右足进步，枪向前扎：然后右脚向右前方大进一步，左脚跟进半步，两手推杆，将枪向右前方扎出。

三、猴形枪

劈枪开势。枪向左拨，左足外行寸步，右足内行进步[①]（按：

第一图）。叠手劈枪，左足撤步[②]（按：第二图）。顺势劈枪，右足撤步[③]（按：第三图）。左足寸步，右足疾进立定，左足提起，两手撤回抱枪[④]（按：第四图）。左足进步，向前平刺[⑤]（按：第五图）。如是连接不断。[⑥]

第一图

第二图

第三图

第四图

第五图

注　释

①枪向左拨……内行进步：由劈枪开势（面朝西，见原书影印八十六页第三图），将枪向左横拨，同时左脚外摆垫进少半步，身半左后转；紧接

着，右脚里扣进步到左脚前（即西），身再左后转。此时面朝东，左脚在前（即东）。（第一图）

②叠手劈枪，左足撤步：再左脚退一步到右脚后（即西），同时将枪叠手正拿劈下（第二图）。叠手劈枪，即叠手正拿劈枪，参看龙形枪注释②。

③顺势劈枪，右足撤步：再右脚撤到左脚后，同时将枪逆时针反拿劈下（第三图）。顺势，同侧手脚在前为顺势。

④左足寸步……撤回抱枪：然后，左脚寸进，再右脚疾进一大步到左脚前立定，左足跟提，两手卷（左手外旋、右手内旋）撤成提步抱枪式。（第四图）

⑤左足进步，向前平刺：再左脚大进一步，右脚跟进半步，将枪向前平刺。（第五图）

按：此动当为劈枪。

⑥如是连接不断：像这样连接不断。

按：下面再接转身拨枪（转至面朝西）、退步叠手劈枪、退步顺势劈枪、疾步提挂、进步劈枪。

四、马形枪

劈枪开势。左足寸步，枪向前扎。[①] 右足疾进立定，左足提起，枪即撤回[②]（按：第一图）。左足进步，挫拿前扎[③]（按：第

第一图

第二图

二图）。如是连接不断。[4]

注 释

① 左足寸步，枪向前扎：由劈枪开势，左脚垫进一步，同时将枪向前平扎。

② 右足疾进……枪即撤回：上动不停，再右脚疾进一大步到左脚前独立，左脚跟提。与右脚疾进同时，将枪逆时针拧转抽回。（第一图）

③ 左足进步，挫拿前扎：紧接着，左脚大进一步，右脚跟进半步，将枪把顺时针拧转，向前挫拿扎出（第二图）。挫，锉磨。拿，滚压控制。

④ 如是连接不断：像这样连接不断。

按：下一动应先将枪抽回，再寸步扎出。

五、鲍形枪

劈枪开势。左足进步，右足随之，向左圈拿[1]（按：第一图）。右足进步，左足随之，向右圈拿[2]（按：第二图）。如是左右连接不已。

第一图

第二图

注 释

① 左足进步……向左圈拿：由劈枪开势，左脚向左前方前进一步，右

脚跟提，同时将枪顺时针向左圈拿。（第一图）

② 右足进步……向右圈拿：再右脚向右前方前进一步，左脚跟提，同时将枪逆时针向右圈拿。（第二图）

按：本节第一图当为叠手右圈，第二图当为左圈。

六、鸡形枪

劈枪开势。左足寸步，右足疾进立定，左足提起与膝平，同时拦枪[①]（按：第一图）。左足进步，向上擢挑[②]（按：第二图）。如是连接不已。

第一图

第二图

注 释

① 拦枪：这是防扎腿。右手内旋上提，左手外旋下压，枪向右拦。

② 向上擢挑：一磕对方枪杆，立即顺杆擢挑对方前手及身，不给对方将枪尖返上来扎我上部的机会。

七、燕形枪

劈枪开势。左足寸步。枪把前撑，右足疾进立定，左足提起，与右胫骨平[①]（按：第一图）。枪尖前擢，左足进步，正拿劈出[②]

（按：第二图）。如是连接不断。

第一图

第二图

注 释

① 左足寸步……与右胫骨平：由劈枪开势，先左脚急进一步，再右脚大进一步到左脚前，左脚跟提。与右脚大进同时，两手将枪把向前上撑举，左手外旋推举到胸正前、右手内旋提举到右额处，使枪尖指向前下。（第一图）

② 枪尖前擢……正拿劈出：紧接着，左手内旋上提、右手外旋下压，将枪尖向前上擢挑；再随着左脚进步，将枪正拿劈出。（第二图）

八、鹞形枪

劈枪开势。左足寸步。右足疾进立定，左足提起，与右胫骨平，同时枪向左拨①（按：第一图）。左足进步，枪向上擢②（按：

第一图

第二图

第二图)。如是连接不断。

注 释

① 左足寸步……枪向左拨：由劈枪开势，先左脚急进一步，再右脚大进一步到左脚前，左脚跟提。与右脚大进同时，两手将枪向左横拨。(第一图)

② 左足进步，枪向上擢：再左手外旋下压、右手内旋上提，使枪身逆时针圈搅，枪尖到小腿前；然后随着左脚进步，将枪尖向前上擢挑。(第二图)

九、蛇形枪

劈枪开势。左足寸步，枪把左拨、枪尖下劈[①](按：第一图)。右足进步，枪把前撑[②](按：第二图)。右足寸步，枪尖右拦。[③]左足进步，枪尖左擢。[④]如是左右连接不断。

第一图

第二图

注 释

① 左足寸步……枪尖下劈：由劈枪开势，左脚向左前方垫步，右脚跟提；同时，右手边向前滑动、边向左腋下拉推，左手向右前下推按，使枪根部向左拨、枪尖向下劈，成叠手劈枪式。(第一图)

② 右足进步，枪把前撑：紧接着，右脚向右前方大进一步、左脚跟进

半步，同时左手拉提至左额处、右手推送至胸正前，使枪身中部向右前上撑托、枪根部向右前挑打而出。（第二图）

③ 右足寸步，枪尖右拦：然后右脚向右前方垫步，左脚跟提，同时左手前推、外旋上提，右手后拉内旋，两手合力将枪的前部向前上偏右卷提（此时枪根在右肋处），将对方向我上部来的器械拦在身右。

④ 左足进步，枪尖左擢：再左脚向左前方大进一步，右脚跟进半步，同时两手将枪尖向左前上擢挑而出。

十、骀形枪

劈枪开势。左足进步，向左圈枪劈出[①]（按：第一图）。右足进步，向右圈枪劈出[②]（按：第二图）。如是左右连接不断。

第一图

第二图

注 释

① 左足进步，向左圈枪劈出：由劈枪开势，左脚进步，同时将枪向左圈拿劈出。（第一图）

② 右足进步，向右圈枪劈出：再右脚进步，同时将枪向右圈拿劈出。（第二图）

十一、鹰形、熊形枪

劈枪开势。右足进步，两手上钻，枪向前扎[①]（按：第一图）。左足进步，下劈[②]（按：第二图）。左足寸步，两手上钻，枪向前扎。[③]右足进步，下劈。[④]如是左右连接不断。

向后转时，枪把前撑，枪尖下劈，仍作劈枪势。[⑤]

第一图

第二图

注 释

① 右足进步……枪向前扎：由劈枪开势，右脚向左脚前垫进，同时两手上钻前推（左手向后滑把）至口前，将枪向前扎出，枪尖高与头齐。（第一图）

② 左足进步，下劈：再左脚大进一步到右脚前，同时两手将枪劈下（左手向前滑把），使枪尖落至左脚前。（第二图）

③ 左足寸步……枪向前扎：然后左脚垫步，同时两手上钻前推（左手向后滑把）至口前，将枪向前扎出，枪尖高与头齐。

④ 右足进步，下劈：再右脚大进一步到左脚前，同时两手将枪劈下（左手向前滑把），使枪尖落至左脚前。

⑤ 向后转时……仍作劈枪势：向后转身时，先随着转身，两手将枪把向（转身后的）前上撑举，再将枪尖劈下，仍成劈枪势。

第三节　进退连环枪

劈枪开势。

第一势　左足寸步，作崩枪势。[1]（按：第一图）

第二势　退步翻拿，作龙形势。[2]（按：第二图）

第三势　右足寸步前扎。[3]（按：第三图）

第四势　叠手下砸。[4]（按：第四图）

第一图

第二图

第三图

第四图

第五势　左足进步，枪向下劈。[5]（按：第五图）

第六势　右足进步，枪向前擢，作炮枪势。[6]（按：第六图）

第七势　枪向左圈，退步下拦。[7]（按：第七图）

第八势　左足寸步，向左搓拿。[8]（按：第八图）

第九势　右足进步，翻拿作龙形，如第二势。[9]
第九图，见第二势。

第五图

第六图

第七图

第八图

第十势　左足进步崩枪，如第一势。[10]

第十图，见第一势。

注　释

① 第一势……作崩枪势：第一势　由劈枪开势，左脚进步，右脚随之跟进到左脚后。与左脚进步同时，以右手之力将枪向前扎出，高与肩平，左手滑把至与右手相靠，成崩枪势。（第一图）

② 第二势……作龙形势：第二势　由崩枪势，先右脚退垫半步、外横落地，再左脚大退一步到右脚后、顺向落地，与左脚退步同时，将枪逆时针反拿（即翻拿）劈出，成龙形势。（第二图）

按：此势势成时左手心朝上，右手心朝下。

③ 第三势……右足寸步前扎：第三势　由龙形势，后左脚一蹬地，前右脚调顺进步，两手合力拧转前推，使枪杆逆时针旋转、枪尖向前扎出中平枪。（第三图）

④ 第四势……叠手下砸：第四势　紧接上势，步不动，身左拧，右手外旋推到左胯处，左手内旋逆时针推扣到右膝前，将枪尖正拿砸下，成叠手下砸之势。（第四图）

⑤ 第五势……枪向下劈：第五势　左脚大进一步到右脚前，同时先右手拉回胸前、左手举起，再随落步，两手合力将枪向下劈出。（第五图）

⑥ 第六势……作炮枪势：第六势　右脚经左脚内侧向右前方大进一步，同时右手内旋上举至头的前上方、左手外旋拧托至胸前，两手将枪向前上擢出，作炮枪势。（第六图）

⑦ 第七势……退步下拦：第七势　由炮枪势，先将枪逆时针向左圈拿，再右脚大退一步到左脚后，做退步下拦（向右拦）。（第七图）

⑧ 第八势……向左搓拿：第八势　紧接上动，将枪从下向右一拦，即翻向左方搓拿，同时左脚垫进一步。（第八图）

按：这是半个动作，接下面第九势，才成为一个完整的枪势。

⑨ 第九势……如第二势：第九势　再右脚大进一步到左脚前，同时将枪继续向左翻拿劈下，成龙形翻拿（即反拿）劈枪势，与第二势相同。（第九图，见第二图）

按：以上第八、第九两势要连贯，搓拿、翻拿及劈连贯一气。

⑩ 第十势……如第一势：第十势　由上势，左脚大进一步到右脚前，右脚随之跟进到左脚后。与左脚进步同时，以右手之力将枪向前扎出，高与肩平，左手滑把至与右手相靠，成崩枪势，与第一势相同。（第十图，见第一图）

枪之用法，有特别精奥。[①] 用长则长，用短则短。[②] 非如别派之悦人耳目者可比。其十种用法中，圈、拿、撑、拦、挂等均为顾法，劈、砸、擢、挑、扎等则为击法。[③] 顾击虽可分立，而当动作时，则必互相连络，一动俱动，击、顾无不兼有之也。[④]

注　释

① 枪之用法，有特别精奥：枪的用法，有特别精奥的地方。

② 用长则长，用短则短：按长器械的方法来用就是长器械，按短器械的方法来用就是短器械。

③ 其十种用法……则为击法：它的十种用法中，圈、拿、撑、拦、挂等都是顾法，劈、砸、擢、挑、扎等则是击法。

④ 顾击虽可分立……兼有之也：顾与击虽然可以分开来讲，但是在动作之时，则必须互相配合，在一个动作中将两者都表现出来；因此每一个完整的动作中，击与顾无不兼而有之。

人文武术精品书系

北京科学技术出版社

武学名家典籍丛书

杨澄甫武学辑注　　定价：178 元
杨澄甫　著　邵奇青　校注
《太极拳使用法》
《太极拳体用全书》

孙禄堂武学集注　　定价：288 元
孙禄堂　著　孙婉容　校注
《形意拳学》　《八卦拳学》
《太极拳学》　《八卦剑学》
《拳意述真》

陈微明武学辑注　　定价：218 元
陈微明　著　二水居士　校注
《太极拳术》　《太极剑》
《太极答问》

薛颠武学辑注　　定价：358 元
薛　颠　著　王银辉　校注
《形意拳术讲义上编》
《形意拳术讲义下编》
《象形拳法真诠》
《灵空禅师点穴秘诀》

陈鑫陈氏太极拳图说（配光盘）
定价：358 元
陈　鑫　著
陈东山　陈晓龙　陈向武　校注

李存义武学辑注　　定价：268 元
李存义　著　阎伯群　李洪钟　校注
《岳氏意拳五行精义》
《岳氏意拳十二形精义》
《三十六剑谱》

董英杰太极拳释义　　定价：98 元
董英杰　著　杨志英　校注

刘殿琛形意拳术抉微　　定价：80 元
刘殿琛　著　王银辉　校注

许禹生武学辑注
许禹生　著　唐才良　校注
《太极拳势图解》《陈氏太极拳第五路并少林十二式》

张占魁形意武术教科书
张占魁　著　吴占良　王银辉　校注

李剑秋形意拳术
李剑秋　著　王银辉　校注

靳云亭武学辑注
靳云亭　著　王银辉　校注
《形意拳图说》《形意拳谱五纲七言论》

武学古籍新注丛书

王宗岳太极拳论　　定价：50 元
李亦畲　著　二水居士　校注

太极功源流支派论　　定价：68 元
宋书铭　著　二水居士　校注

太极法说　　　　　定价：65 元
二水居士　校注

手战之道　　　　　定价：65 元
赵　晔　沈一贯　唐顺之　何良臣
戚继光　黄百家　黄宗羲　著
王小兵　校注

百家功夫丛书

张策传杨班侯太极拳 108 式
（配光盘）　　　　定价：48 元
张　喆　著　韩宝顺　整理

河南心意六合拳
（配光盘）　　　　定价：79 元
李洳波　李建鹏　著

形意八卦拳　　　　定价：48 元
贾保寿　著　武大伟　整理

王映海传戴氏心意拳精要（配光盘）
定价：198 元
王映海　口述　王喜成　主编

张鸿庆传形意拳练用法释秘
邵义会　著

戴氏心意拳功理秘技
王　毅　编著

传统吴氏太极拳入门诀要
张全亮　著

华岳心意六合八法拳
张长信　著

程有龙传震卦八卦掌
奎恩凤　著

刘晚苍传内家功夫及手抄老谱
刘晚苍　刘光鼎　刘培俊　著

民间武学藏本丛书

守洞尘技　崔虎刚　校注

通臂拳　崔虎刚　校注

心一拳术　李泰慧　著　崔虎刚　校注

少林拳法总论　崔虎刚　校注

少林秘诀　崔虎刚　校注

老谱辨析点评丛书

再读浑元剑经　马国兴　著

再读王宗岳太极拳论　马国兴　著

太极拳近代经典拳谱探释　魏坤梁　著

再读杨式老谱　马国兴　著

再读陈氏老谱　马国兴　著

拳道薪传丛书

三爷刘晚苍——刘晚苍武功传习录
定价：54 元
刘源正　季培刚　编著

慰苍先生金仁霖——太极传心录　金仁霖　著

习武见闻与体悟　陈惠良　著

中道皇皇——梅墨生太极理念与心法　梅墨生　著

乐传太极与行功
乐　匋　原著　钟海明　马若愚　编著

民国武林档案丛书

太极往事　季培刚　著

图书在版编目（CIP）数据

刘殿琛形意拳术抉微 / 刘殿琛著；王银辉校注．—北京：北京科学技术出版社，2017.8

（武学名家典籍丛书）

ISBN 978-7-5304-8926-0

Ⅰ．①刘… Ⅱ．①刘… ②王… Ⅲ．①形意拳—基本知识 Ⅳ．① G852.14

中国版本图书馆 CIP 数据核字（2017）第 040785 号

刘殿琛形意拳术抉微

作　　者：刘殿琛
版本提供：王占伟
校 注 者：王银辉
策划编辑：王跃平
责任编辑：胡志华
责任校对：贾　荣
责任印制：张　良
封面设计：张永文
封面制作：木　易
版式设计：王跃平
出 版 人：曾庆宇
出版发行：北京科学技术出版社
社　　址：北京西直门南大街 16 号
邮政编码：100035
电话传真：0086-10-66135495（总编室）
0086-10-66113227（发行部）　0086-10-66161952（发行部传真）
电子信箱：bjkj@bjkjpress.com
网　　址：www.bkydw.cn
经　　销：新华书店
印　　刷：保定市中画美凯印刷有限公司
开　　本：787mm × 1092mm　1/16
字　　数：122 千字
印　　张：19
插　　页：4
版　　次：2017 年 8 月第 1 版
印　　次：2017 年 8 月第 1 次印刷
ISBN 978-7-5304-8926-0 / G·2628

定　　价：80.00 元